사랑,
그 완벽한 알고리즘에 대하여

사랑, 그 완벽한 알고리즘에 대하여

1판 2쇄 발행 2020년 8월 20일

지은이 소향

발행인 장진우
편집 김문석 | 디자인 김현주

펴낸곳 호산나출판사
등록 제 2-0000호(2005.9.27)
주소 경기도 안양시 벌말로 123 909호
전화 1644-9154
홈페이지 www.hosanna.co.kr
인쇄 창영프로세스
가격 12,000원

ISBN 978-89-97405-61-9

저자의 허락 없이 전재나 복제할 수 없습니다.
잘못된 책은 교환해 드립니다.

사랑, 그 완벽한 알고리즘에 대하여

소향

하나님의 공의와 내 죄많은 영혼이
그의 피를 통해 서로 끌어안고
입맞출 수 있음을 보았다.
참 좋은 하루였다.
영영 잊지 않았으면 좋겠다.

- 존 번연 -

프롤로그

do you love me?

> … 믿음으로 말미암아 그리스도께서 너희 마음에 계시게 하옵시고 너희가 사랑 가운데서 뿌리가 박히고 터가 굳어져서 … 지식에 넘치는 그리스도의 사랑을 알아 … (엡 3:16)

이제는 고인이 된 김주혁 배우를 그리워하며 프라하의 연인을 다시 찾아봤다. 안타깝게 간 멋진 배우의 아름답던 지난날을 보고 있자니 마음이 뭉클했다. 프라하의 연인에서 그는 대통령의 딸을 사랑하게 된 형사 상현역을 맡아 연기했었다.

딸의 남자 친구가 어떤 놈인지 알아보려는 대통령의 호출에 상현은 잔뜩 긴장한 채로 상체를 뻣뻣하게 세우고 대통령의 집무실에 앉아 있다. 대통령 앞이자 사랑하는 여자의 아버지 앞이었다.

그 앞에서 긴장한 상현은 진땀을 흘리며 입을 꾹 다물고는 대통령의 얼굴을 제대로 쳐다보지도 못했다. 대통령이 입을 열었다.

"내 하나 묻겠네."

"네, 질문해주십시오!"

그는 우렁차게 대답하지만, 목소리가 떨린다.

"자네는 우리 딸을 얼마만큼 사랑하는지 나에게 설명해 줄 수 있겠나?"

그러자 상현은 잠시 생각을 하다가 제대로 보지도 못했던 대통령을 향해 시선을 똑바로 던지며 나지막이 그리고 자신감 있게 말한다.

"내 안에 한 나라가 세워졌습니다. 그리고 그 나라의 대통령은 윤재희입니다."

이 장면에 난 슬며시 미소가 지어졌다. 눈물이 왈칵 올랐다. 사랑에 대하여 이보다 더 확실한 답이 있을까.

누군가를 사랑한다는 건 어쩌면 내 마음에 그 사람의 나라가 세워졌다는 것을 의미하는 건지도 모른다. 그를 위해 건물을 세우고 그가 원하는 일을 하고 그가 시키는 일을 하며 그를 위해 내 삶을 산다. 그 사람을 위해 살고 또 죽기도 한다.

나의 상상 속에서(난 이것을 진짜라고 믿는다) 예수님은 늘 하얀색 벤치에 앉아계신다. 나와 함께. 그 앞엔 끝도 보이지 않는 넓은 호수가 있고 파란 하늘 어딘가에서 빛나는 햇살에 호수 표면이 반짝반짝 빛난다. 시원한 바람이 불고 나와 예수님은 그 벤치 위에서 이야기한다. 이름 모를 새가 지저귀고 우리는 그곳에서 서로 웃으며 담소를 나눈다.

난 그분과 많은 이야기를 했고, 지금도 그러하다. 때론 나의 부끄러움과 수치를 털어놓기도 하고 그분이 정말 나에게 원하시는 것이 무엇인지 들어보기도 한다. 또 반대로 그분은 내가 원하는 것이 무어냐고 여쭤보신다.

예수님은 나를 위해주시고 나는 그분을 위하지만 분명한 건 그 아름다운 나라에서 왕은 예수님이라는 사실이다. 나는 그의 백성이지만 마치 왕처럼 대접받으며 산다. 왕인 그분과 겸상을 하고 같은 곳을 거닐며 그가 소유한 것을 나도 소유한다.

때론 다투기도 한다. 그의 정책이 마음에 들지 않는다며 버럭버럭 소리를 지를 때도 있다. 누가 왕인지 누가 백성인지 모르지만 어쨌건 우린 사랑하고 있다.

그러나 결국 난 왕의 말을 듣고야 만다. 그를 사랑하기 때문이다.

그가 더 강해서도 그가 더 지혜로워서이기도 하지만 그의 두 손 두 발 다 들게 만드는 불도저 같은 사랑 때문에 그러하다. 내가 아무리 더 많이 사랑하려고 노력해도 늘 나는 그의 사랑에 지고 만다. **예수님은 사랑에 미친 왕이 분명하다.**

그는 내 안에 그의 나라를 창조하셨다. 땅이 일어서고 물이 모이며 씨 맺는 채소와 과일나무가 자라나는 나라. 제때 바람이 불어지고 비가 내리기도 하며 때론 폭풍이 일어 먼지를 쓸어내야만 하는 땅이 생긴 것이다.

태초에 나를 생겨나게 한 작은 생명. 그 안에서 나를 나답게 만들기 위해 한 톨의 씨앗 같은 생명은 기하급수적으로 쪼개지고 쪼개지는 일을 반복한다. 그 일을 하게 만드는 **알고리즘**은 반복적으로 이런 질문을 하고 있다.

Do you love me?
넌 나를 사랑하니?

내 안에 있는 그의 나라에서 그가 나에게 궁금한 것은 이것 하나였다. 그를 움직이는 역동적인 알고리즘은 이 질문에서 시작되었다. 이 질문은 나뿐 아니라 이 세상의 모든 사람들과 그 사람들을 둘러싸고 있는 세상과 그 세상을 둘러싸고 있는 우주와 우주 저 먼 곳의 하늘을 만들어냈다고 난 믿는다.

아주 간단한 질문이지만 가장 어려운 질문이기도 한 이 알고리즘을 나 같은 작은 인간이 설명한다는 것은 불가능한 일인지도 모른다. 그런데도 우린 포기하지 않고 최선을 다해 그의 사랑에 대한 지식의 지경을 넓고도 깊고도 높고도 길게 쌓고 모아야만 할 것이다.

난 사랑이라는 알고리즘이 하나님의 손에서 어떻게 작동되어 세상을 움직이셨는지를 성경의 중요한 사건들을 통해 들여다보려고 한다. 그리고 나의 일상 특히 드라마와 영화의 덕후로서 보았고 들었던 하나님의 이야기를 이와 엮어 적어 보았다.

 하나님이 우리를 사랑하심으로 일으키셨던 창조와 분노가 지구 안에 또 인간의 역사 안에서 어떻게, 어떠한 이유로 일어났는지를 나름대로 추측한 이 책은 하나님의 사랑을 단 1%도 증명한 책이 아니리라.

 더더군다나 그 사랑의 완벽함을 보여준다는 건 어불성설 일지도 모른다. 그럼에도 '완벽한'이란 단어를 가져다 쓴건 전부가 아니면 안 되는 사랑의 본질 때문이며 그것 하나면 모든 것이 완벽하다고 느껴지게 만드는 마법과 같은 힘 때문이다.

 이 사랑이라는 알고리즘은 하나님께로부터 흘러나와 모든 우주와 별들과 우리 세포 사이 사이를 연결하고 움직이는데 적용된다 믿는다. 한 아기가 태어났을 때 그 아기를 바라보는 두 부모의 마음이 완벽함을 믿게 되는 건 어쩌면 하나님으로부터 물려받은 영적인 유전자 때문이 아닐까? 그의 심장은 이 완벽함 안에서 뛰고 뛰기를 기뻐하며 언제나 그의 온전한 사랑을 따라 그의 모든 것을 움직이신다.

 이 책에서 이러한 하나님의 마음과 나름 추측한 속사정을 써보려 하나 분명 한없이 부족할 것이 뻔하다. 생각도 깊지 않고 글솜씨가 없어서기도 하지만, 그의 사랑은 너무 거대하고 찬란하며 깊고도 넓고도 기나긴 여정을 용암처럼 끌 수 없는 뜨거움으로 온 우주와 모든 사람들의 삶 속에서 역동하고 있기 때문이다.

난 또 다른 해답을 찾아 나가게 될 것이다. 하나님이 매일 하시는 이 질문에 대해.

Do you love me?

목차

프롤로그   6

Chapter 1   사랑, 죄를 만나다

1. 선악과   16
2. 죄의 소원   37

Chapter 2   사랑, 비밀스런 꿈을 꾸다

1. 바벨탑   54
2. 꿈의 사람들   65
3. 왕의 꿈   73
4. 왕과 같이   81

Chapter 3   사랑, 꿈의 기초를 세우다

1 하나님의 정복   92
2 응답하라 인간이여   106

Chapter 4   사랑, 사랑을 시작하다

1 시크릿 가든   126
2 엘리의 꿈   138
3 가난하기   152

Chapter 5 사랑, 교회를 세우다

1. 뿌리 깊은 나무 — 168
2. 이스라엘 — 183

Chapter 6 사랑, 사랑에 빠지다

1. 성은이 망극하옵니다 — 204
2. 아들의 꿈 — 219

Chapter 7 사랑, 꿈을 이루다, 사랑을 이루다 그리고 ing …

1. 하나님을 이긴다는 것 — 246
2. 예수, 그 이름의 침노 — 263
3. 내가 네 안에, 네가 내 안에 — 273

책을 마치며 … — 282

Chapter 1

사랑, 죄를 만나다

1 / 선악과

이 세상에서 제일 깨지기 쉬운 관계가 뭔지 아나?
그건 이런 유혹을 받아 본 적이 없는 우정 같은 거야.

_드라마 추적자 中

유혹

"응 아빠. 조금 있다가 봐."

긴 생머리의 소녀가 머리를 찰랑거리며 즐거운 표정으로 전화를 끊는다. 교복을 입은 15살 소녀다. 하교를 한 뒤 독서실을 갔다가 새벽 12시가 다 되어서야 귀가를 한다. 한적한 도로엔 차가 없었고, 소녀는 서두르며 찻길을 건널 때였다.

찰나였다. 쾅 소리가 났다. 속도위반을 한 차량 하나가 소녀를 미처 보지 못했는지 속력을 줄이지 못 한 채 달리다 그만 아이를 붕 날리고 만다. 끼익 소리가 나고 소녀는 피를 흘리며 도로 위에 널브러져 있다.

차에 타고 있던 두 남녀의 얼굴이 하얗게 질렸다. 남자는 술이 잔뜩 오른 상태였다. 이름만 대면 알 수 있는 톱스타 반열에 오른 배우다. 그리고 그 옆에 앉아있는 여자는 대통령을 준비하고 있는 한 국회의원의 부인이다.

부인의 머리가 빠르게 돌아간다. 남자의 머리도 빠르게 돌아간다. 만약 이 사건이 세상에 알려지면 두 사람에게 좋을 것이 없다. 파혼은 있을 수 없는 일이다. 남편은 대통령이 되어야 하고 자신은 퍼스

트레이디가 되어야 한다. 하지만 이 일이 발각되는 날엔 모든 게 물거품이다. 옆에서 운전하고 있던 톱스타와의 스캔들은 엄청난 치명타가 될 것이다.

여자의 몸이 덜덜 떨렸다. 그건 톱스타인 남자도 마찬가지였다. 그가 있던 꼭대기에서 바닥으로 처참하게 추락해야만 할 것이다. 그들에게 소녀의 목숨은 두 번째 사안이다. 숨을 죽이고 있는 사이 피를 흘리며 누워있는 소녀가 꿈틀거리는 게 보였다. 죽은 것이 아니었다.

핸들을 쥐고 있는 남자는 두 눈을 부릅뜬다. 그리고 엑셀러레이터를 밟는다. 두 사람을 태운 고급 승용차는 잔인한 계획을 실행한다. 덜커덩 소리가 났다. 두 번의 덜커덩 소리에 여자는 어깨를 잔뜩 움츠렸다.

남자의 이마에선 식은땀이 솟았다. 하지만 그는 다시 입을 굳게 다물고 다시 후진한다. 확실히 하기 위해서다. 다시 두 번의 덜컹거림이 차 안을 진동했다.

"이제 된 것 같다."

남자는 안심시키듯 말했다. 여자에게 하는 말인지 자신에게 하는 말인지 모른다. 그 새벽 소녀는 처참한 몰골이 되어 길에 버려지고 고급 승용차는 뺑소니를 감행한다.

하지만 소녀의 숨은 기적적으로 붙어 있었다. 지나가던 행인이 아이를 발견하고 119에 신고했다. 소녀의 부모가 사색이 되어 병원으로 달려간다. 형사인 아버지는 사건정리를 하다가 미친 듯이 달려왔다. 다행히도 30년 지기 친구 녀석이 실력이 꽤 있는 외과 의사다.

그의 딸은 천운인지 그 병원에 실려 왔고, 친구의 수술 덕에 위기를 모면했다고 한다. 외과의사는 친구의 어깨를 두드리며 이제 괜찮을 거라 말해준다.

눈물을 머금고 연신 고맙다는 말을 하는 형사는 역시 자신의 30년 지기 친구밖에 없다고 말하며 한숨을 돌렸다.

한편 사고를 쳤다고 생각한 철없는 국회의원의 부인은 남편에게 이실직고한다. 남편의 표정은 싸늘해졌다. 그는 화를 내지 않는다. 그리고 물어본다. 블랙박스가 어디 있냐고 어떻게 된 거냐고. 이 불씨 같은 사건이 어떤 화재를 일으킬 수 있는지를 그리며 사건의 진화를 구상한다.

아내는 나가고 비서가 들어왔다. 비서는 교통사고를 당한 딸아이가 어떻게 되었는지 그리고 어떤 식으로 다시 살아났는지를 이미 알아보고 오는 중이다.

보고를 들은 국회의원은 30억을 준비하라고 말한다. 비서는 금세 눈치챘다. 그 30억은 외과 의사에게 줄 돈이라는 걸.

"30년 지기 친구라고 합니다. 과연 그가 이것에 넘어갈까요?"

비서가 나지막이 묻는다. 그리고 국회의원인 그가 대답한다.

"이 세상에서 제일 깨지기 쉬운 관계가 뭔지 아나? 그건 이런 유혹을 받아 본 적이 없는 우정 같은 거야."

비서가 고개를 끄덕이며 외과 의사를 찾아가 30억을 건네며 은밀히 거래의 내용을 말한다.

"소녀를 죽여라."

사무실엔 국회의원의 비서가 남기고 간 30억이 놓여 있었다. 그는 병원 원장이다. 사람들은 의사라면 당연히 돈 걱정 없이 살아간다고 생각한다. 모르는 소리다.

그가 진 빚은 정말 딱 30억이었다. 하지만 이 돈을 가지려면 반드시 한 사람을 죽여야 한다. 그 사람은 자신의 30년 지기 친구의 딸아이다. 한 번의 거짓말. 그거면 된다. 위기를 넘기지 못했다고 하면 그만이다.

그는 두 주먹을 쥐고 일어난다. 친구 딸아이의 병실엔 아무도 없었다. 치명적인 주사 한 방을 주입한다. 30년의 우정은 와장창 깨지고 만다. 두 사람의 친구라는 관계는 이제 더는 돌이킬 수 없는 강을 넘고 말았다.

*

〈추적자〉라는 SBS TV 드라마의 내용이다. 한 형사가 딸의 죽음을 파헤치며 세상의 비리와 인간들의 추악함을 드러내는 이야기다. 사건의 발단 부분은 강렬하게 와 닿았다. 그리고 국회의원이 했던 한마디의 말은 나의 뇌리에 강하게 박혔다.

유혹을 받아보지 못한 관계만큼 깨어지기 쉬운 관계도 없다.

하나님이 세상을 창조하실 때 사람들이 가장 이해할 수 없다고 생각한 물건이 하나 있었다.

선악과. 하나님은 대체 왜 이런 걸 만든 걸까. 왜 이런 물건을 만들어선 온 인류가 타락할 수밖에 없도록 한 걸까. 난 하나님의 입장이 되어 생각해 봤다. 만약 그가 정말 사랑이란 알고리즘을 가지고 세상을 통치하는 신이라면 뭔가 이유가 있었던 게 아닐까를 두고 고민했다. 그러다 이 드라마를 보며 떠오르는 사건이 하나 있었다.

루시퍼와 하나님의 이야기. 이것은 신화적인 루머에 가깝다. 성경에도 루시퍼라는 이름은 직접 등장하지 않는다. 어디서 이와 같은 이야기가 전해졌는지는 모르지만, 우리가 아는 것을 대충 읊어보자면 이러하다.

루시퍼는 원래 '루시엘'이라는 천사였다고 한다. 하나님의 총애를 받았던 자였다. 온갖 지혜와 좋은 것을 하나님께 받았으나 교만해져 스스로 신의 반열에 오르고 싶어 했다. 이것을 안 하나님이 그를 쫓아내고 만다. 그렇게 타락한 천사가 바로 루시퍼라고 한다.

루시퍼에 관한 직접적인 말은 없어도 성경엔 이와 비슷한 존재는 등장한다. 요한 계시록에 나오는 뱀은 옛 뱀이자 용으로서 세상의 창조 때부터 있던 존재였다. 그는 하나님의 사랑을 받는 인간을 시기

했다. 역사 말미에 그가 부리는 종인 멸망의 짐승이 하는 주된 일이 하나님을 비방하고 하나님이 사랑하는 교회를 비방하는 일이다(계 13:6).

꼭 루시퍼가 아니더라도 뱀이라는 존재를 통해 알 수 있는 건 인간보다 더 먼저 하나님을 알았던 존재가 있었다는 것, 어떤 이유로 그가 하나님과 관계가 틀어졌다는 것 그리고 그런 이유 때문인지는 몰라도 하나님이 인간에게 쏟아붓는 사랑이 그에겐 석연치 않은 감정이었다는 것이다.

또한 루시퍼든 어떤 모습이든 그는 선악과의 의미에 대해 누구보다도 잘 알고 있었다.

죽음의 개념, 죽음의 과정, 선과 악의 개념을 정확하게 파악했고, 그것을 어떻게 비틀어야 할지도 알고 있었다는 것을 생각하면 인간이 생기기 전에 그는 분명 하나님의 의도를 파악하는 데 능숙할 만큼 하나님과의 친분이 있었음을 알 수 있다.

만약 저 루머 같은 이야기가 조금이라도 사실과 가깝다거나 혹은 일어나지 않았더라도 하나님이라는 신의 존재는 관계를 맺는 상황에서 일어날 수 있는 모든 나비효과를 추측할 수 있었으리라.

한 의지가 선택할 수 있는 길은 수천, 수만 가지다. 처음엔 단지 이것 아니면 저것으로 분류되었던 선택은 기하급수적으로 늘어날 것이다. 양쪽으로 갈라진 길은 네 갈래로 그다음은 여덟, 열여섯….

하나님이 신이라면 그 분은 그 모든 경위를 명확하게 그리실 수 있을 것이다. 한 선택으로 인해 일어날 사건의 시나리오와 그로 인한 나비효과가 일으킬 수를 예상할 수 있다는 뜻이다.

하나님은 분명 선악과가 없을 때와 있을 때의 일을 예측했을 것이다. 이 모든 것들을 예측하신 하나님은 필시 어떤 부분에서 선악과의 필요성을 깨달으시고 거대한 선택의 기로에 이 나무를 갖다 놓으셨으리라 생각한다. 만일 그가 우리를 사랑하신다고 가정을 한다면 말이다.

모든 것을 걸다

의지. 무엇인가를 선택할 수 있는 자유를 뜻한다. 그 안엔 욕망이라는 기능이 내재되어 있다. 그래야만 선택하고자 하는 자유가 작동한다. 욕망이 없으면 뭔가를 원하지 못한다. 그럼 인간이 인간답지 못하게 된다. 꿈을 꿀 수도 없고 사랑을 할 수도 없다.

여기에서 우리 안에 있는 의지가 어느 정도의 의지인가를 아는 것은 매우 중요하다.

동물의 욕망은 인간의 욕망과는 다르다. 동물의 욕망은 우리가 본능이라고 말하는 것에 가깝다. 먹고 마시고 자고 싸고 짝짓기를 한다. 때론 질투도 하고 희생도 하고 인간을 좋아하며 따르기도 하지만 그것을 인간이 하는 질투나 희생과 동등하다고 말하지는 않는다. 그래서 동물의 의지와 사람의 의지에는 보이지는 않지만 명확하게 구분되는 경계가 있다. 분명 인간의 의지는 동물의 그것보단 더 고차원적이다.

하나님이 부여하신 인간의 의지는 신과 사랑을 할 수 있을 만큼의 의지다. 다른 말로 하면 하나님과 인간이라는 거대한 존재의 차이가 있지만 그런데도 서로를 간절히 욕망할 수 있는 자유 의지가 있다는 뜻이다.

이는 상당히 고차원적인 욕망이다. 그것을 넘어서서 꿈이라고 해도 좋고 이상이라고 해도 좋다. 그러나 아무리 많은 말로 포장해도 결국 본질은 욕망이라는 기본적인 말로 정의할 수밖에 없다.

인간이 만약 이런 고차원적인 욕망을 가지고 있다면 인간이 가진 욕망의 최종적인 목표는 무엇일까. 하나님을 사랑할 수 있는 욕망을 부여받는다면 말이다. 그것은 신의 자리일 것이다.

욕망은 제어하고 싶다고 해서 제어되는 것이 아니다. 그 어떤 것도 인간의 욕망을 누를 수 없을 것이다. 루시퍼가 그랬던 것처럼 말이다. 하지만 그렇다고 그러한 욕망을 제거한다면 하나님은 사랑의 대상을 잃게 될 것이다.

그는 사랑이라는 알고리즘으로 우주를 창조했을 뿐만 아니라 우주 너머의 세계까지 창조한 모든 세상의 지존자다. 사랑의 에너지로 스스로를 존재하게 하며 세상을 다스린다는데 그런 존재가 사랑을 나눌 만한 대상이 없다?

이런 아이러니는 그에게 있을 수 없는 일이다. 그가 통치하는 피조물들에게 감히 서로를 사랑하라는 말을 할 수 없을 것이다. 왕인 그도 하지 않는 사랑을 피조물들에게 어떻게 하라고 말할 수 있단 말인가.

사람과 사람 사이에서 일어나는 사랑의 가치와 크기는 힘겹고 고달픈 과정을 전제로 한다. 사람이 동물을 사랑해서 얻는 고난보다 더 큰 고난을 감수하면서 사랑해야만 한다. 마찬가지로 신인 그분도 그의 수준에 걸맞은 사랑을 해야 왕으로서의 면목이 설 것이다.
이 때문에 인간에게 부여한 욕망의 크기는 무시무시하게도 신인 자신과 같은 크기의 욕망이었다. 그의 자리를 넘보고 온 세계를 파멸에 이르게 할 수 있는 도전이었음에도 그는 인간에게 우주의 권위에 맞먹는 욕망의 의지를 불어 넣은 것이다.

그렇다면 선악과가 무엇인가. 선과 악을 알 수 있는 지혜를 상징하는 열매다. 선과 악을 알아 행위의 진실을 알게 하는 도구이다. 막 창조된 세상에서 선악과보다 더 가치 있는 나무는 없었다.
배를 부르게만 하는 과일이 아닌 하나님의 고유 권한이 숨 쉬고 있는 과일이었다.
하나님은 사랑을 하는 데 있어 결만한 것이 없었다. 모든 것이 이미 그의 것인데 과연 무엇을 건단 말인가. 그가 모든 것을 다해 누군가를 사랑했다고 하는 말은 곧 모든 것을 걸었을 때 할 수 있다. 만약 그런 것도 없이 말로만 하는 사랑은 이미 사랑이 아니다.

왜 굳이 인간 앞에 이런 유혹적인 물건을 갖다 놨느냐 보다 더 중요한 의도는 왜 그는 인간으로 하여금 자신의 고유 권한을 침범할 수 있게 만들어놨냐는 것이다.

이 일로 인해 하나님은 모든 것을 잃을 수도 있다. 아니, 모든 것을 잃을 준비가 이미 되어 있을지도 모른다. 그의 진심은 선악과 안에 응집되어 있었다.

이 세상에 선악과가 처음부터 없었다면 인간은 아마도 그들의 삶이 끝날 때까지 하나님의 진심을 알기는 글렀을 것이다. 어떤 것이 과연 하나님이라는 신의 마음을 증명할 것이냐 말이다.

선악과는 어쩌면 우리에게 '하나님을 사랑하고 믿고 싶으냐?'에 대하여 질문을 하고 있었는지도 모른다. 그리고 하나님에게 걸어오는 질문에 대비하는 것이었는지도 모른다.

'하나님, 당신은 날 사랑하고 있나요?' 예스(yes). 그 대답은 바로 선악과라고 생각한다. 그의 대답은 이미 정해져 있었다. '나는 너를 사랑하고 믿는다. 너는 나를 믿고 사랑할 것이냐?'

루시퍼와의 끔찍한 관계를 다시 경험할 수도 있고 아닐 수도 있다. 그의 사랑은 모든 것을 잃거나 모든 것을 지키느냐가 걸려있다. 하나님은 루시퍼와의 완전히 깨어졌던 그 관계를 다시는 반복하고 싶지 않았을 것이다. 그 관계는 회복되거나 화해될 수 있는 선을 넘어버렸다. 더 나아가 반역죄를 범한 대상을 처단해야하는 왕으로서 그는 그의 공의를 행해야 했다. 루시퍼와 하나님은 영원히 분리 될 수 밖에 없었다.

유혹을 견디지 못한 관계가 얼마나 힘이 없는지를 아셨다. 모든 것을 걸지 못한 관계가 얼마나 비참한지 아셨던 것이다.

뱀의 속삭임

그렇다면 하나님이 혹시 반역자인 루시퍼를 용서해 줄 수도 있었지 않았을까 질문해 볼 수도 있다.

루시퍼와의 사건 이후를 상상해 보자. 하나님의 자리를 넘본다는 것은 반역이다. 왕에 대한 도전이며 그 권위에 정면으로 맞서는 행위다. 그런데 그 반역자는 마음이 들킨 것을 알고도 여전히 탐욕을 가지고 있다. 왕은 그것을 알고 있다. 만약 왕이 그런 자를 살려주고 원래 지위를 회복시킨다면 그 왕은 세상에서 가장 멍청한 왕일 것이다. 차라리 그 자리에서 물러나 반역자에게 그냥 왕의 자리를 내어주는 것이 낫다.

하지만 설령 하나님이 권좌라는 자리에 욕심이 없다 해도 그럴 수 없었다. 왜냐면 그 자리의 무게를 견딜 힘을 지닌 분은 온 우주에 그분 한 분밖에 없고, 모든 피조물의 생명과 우주의 온전한 운영을 위해선 그 자신이 왕의 자리에 앉아 있어야만 한다.

게다가 그는 온 우주의 시선을 받는 통치자다. 죄를 지은 자에 대한 공의가 지켜지지 않는 왕은 그 자체로 통치에 대한 힘을 잃게 될 것이다. 왕의 사랑은 공의를 동반하지 않고선 완전해 질 수 없다. 이것이 우주를 통치하는 권좌의 무게다.

인간과 하나님의 사랑 이야기는 단순히 두 남녀가 벌이는 꽁냥꽁냥한 애정행각 수준이 아니다. 재벌과 가난한 여자와의 사랑 이야기도 아니다. 평범한 남녀의 사랑에서도 재벌과 가난한 여인과의 사랑에서도 결코 좋은 일만 일어나지 않는다. 그들의 사랑이 진짜임을 확인하는 수 없는 과정과 사건은 반복적으로 일어난다.

하나님과 인간 사이의 사랑은 우주에서 가장 폭발적이고 중요한 사건이다. 우주와 영원이 담겨 있는, 그의 알고리즘이 만들어 내는 **가장 최종적인 단계다.**

하나님은 그 관계가 깨어지지 않을 영원한 것임을 온 우주에게 증명해야만 했다. 그의 꿈은 결코 작은 것이 아니었다. 인간에게 쥐어준 한 마디의 계명은 그에겐 목숨과도 같은 것이었다. 그의 자리와 명예를 건 사랑의 시작이었다. 뱀 안으로 들어간 존재는 그 사랑을 이렇게 비틀어 말한다.

너희가 결코 죽지 아니 하리라. 그것을 먹는 날에는 너희 눈이 밝아

하나님과 같이 되어 선악을 알 줄을 하나님이 아심이니라 창 3:4-5

뱀은 죽음의 현상이 즉시 일어나지 않을 것을 알았다. 그 순간 인간의 욕망에 불을 지핀다. **그가 강조한 말**은 선악을 알게 된다는 말이 아니다.

'**하나님과 같이 될 수도 있다**'는 말이다. 하나님은 왜 가장 소중한 것을 혼자서만 독차지하고 있냐는 뜻이다. 너희를 사랑한다면서 왜 가장 중요한 것을 주지 않느냐는 말이다. 하나님이 비밀을 가진 이유는 그가 너희를 걱정해서가 아니라 그가 너희를 조종하고 그의 발밑에 둬서 종처럼 다루기 위해서라는 뉘앙스다.

인간에게 준 생명과 에덴동산과 땅의 산물들을 하나님이 주신 것엔 그만한 이유가 있다고 말한다. 하나님의 비밀은 그가 주지 않는 유일한 것에 있다고 말하기 시작한다. 그 비밀은 당시 세상에서 가장 중요한 '**프레셔스**'(precious)라는 걸 속삭인다.

여기서 뱀의 말과 그 안의 심리를 파악해보자. 뱀은 인간이 그걸 먹으면 하나님의 말대로 죽을 거란 사실을 알았다. 서서히 일어나든 순간적으로 일어나든 상관없었다. 어쨌든 그 일은 반드시 일어날 일이었다.

하나님은 절대 말씀을 번복하실 분이 아니라는 걸 알았기 때문이다. 뱀은 하나님의 그런 성정을 알았다. 따라서 그 말이 사실이라는 것을 확신했을 것이다. 그러므로 결국 네가 결코 죽지 아니하리라는 말의 의도엔 인간이 죽길 바란다는 음흉한 마음이 숨어있다는 것을 알 수 있다.

너희 인간이 하나님과 같이 될 수도 있다는 말로 인해 인간의 마음에 일어날 일은 무엇인가.

첫째, 인간의 마음에 **하나님에 대한 의심**이 생긴다. 그가 정말 나를 사랑하고 있는 건가? 혹 나를 경계하고 있는 건가?

고개를 갸우뚱하게 된다. 그가 한 말을 곱씹어본다. 하나님이 처음에 하셨던 말의 뉘앙스가 다르게 느껴지기 시작한다.

그거 절대로 먹지 말아라. 난 네가 죽을까 봐 걱정이 되어 그런다. 가 아니다. 그거 절대로 먹지 말아라. 이건 나만의 보물이야. 왜냐면 내 자리를 뺏기기 싫으니까. 안 그러면 내가 널 죽여 버릴 거야.

왠지 억울하다는 마음이 스멀스멀 일기 시작한다. 왜 하나님만 이걸 알아야 하지? 왜 우리에겐 이런 권한을 주지 않는 거야? 날 사랑한다는 건 거짓말인 거야? 온갖 의심이 밀려들기 시작한다.

둘째, 이게 뭐길래? 이게 어떤 것이기에 우리에게 먹지 못하게 하는 거지? 하고 질문하기 시작한다. 이건 분명 **하나님이 나에게서부터 숨긴 엄청난 보물**이야. 그렇지 않았다면 숨길 이유가 없잖아? 뱀의 말 때문에 인간은 더 많은 이유가 있을 수 있다는 걸 생각하지 못하게 된다. 인간의 욕망은 이미 뱀이 지령한 길로 그 생각의 방향을 틀기 시작한다.

영화 〈반지의 제왕〉에서 '프레셔스(PRECIOUS)'를 부르짖는 골룸의 또 다른 자아가 골룸에게 속삭이듯 말이다. 골룸은 자신 외에 반지를 가지는 것을 허용하지 않는다. 하지만 결국 골룸 자신도 반지의 주인이 아니라는 것을 우리는 알고 있다.

뱀은 인간이 그 보물을 다룰 수 있는 지혜도 능력도 없음을 알았다. 하나님과 이간을 하는 뱀의 아이디어는 그 뒤까지 생각한다. 그 이간질로 일어날 수 있는 인간의 선택이 어떤 영향을 미칠지 예상했다. 하나님이 먼저 인간을 잘라내지 않는다면 인간 쪽에서 하나님을 거절할 수도 있는 선택권이 선악과 존재 자체에 있음을 알았던 것이다. 분명 뱀은 인간을 걱정해서 이런 말을 한 것이 아니었다.

드라마 선덕여왕에서 미실의 수하가 이렇게 말한다.

"미실 세주. 그가 한 말로 상황을 판단하지 마시옵소서. 세주의 능력은 사람 자체를 통찰하시는 데 있습니다."

상대가 거짓으로 말하는지 아니면 진심으로 말하는지를 알아보기 위해선 그가 한 말이 아닌 **그 사람의 됨됨이를 보고 파악을 해야** 진실을 알 수 있다는 뜻이다.

에덴동산의 인간은 그 말을 한 존재에 대한 통찰에 실패했다. 하나님의 의도가 무엇일까, 뱀의 의도가 무엇일까를 놓고 고민하지 못했다.

뱀은 사랑의 관계가 아닌 하나님과 인간을 주종관계로 이해시키려 했다.

"너희는 섬기는 존재고 하나님은 다스리는 존재야. 그 이상도 그 이하도 없어. 사랑? 만약 그가 널 사랑했다면 선악과도 먹으라고 했겠지. 그는 너의 프레셔스를 뺏어 간 거야. 자기만 가지려고 그런 말을 네게 한 것이지. 멍청하게도 넌 거기에 속은 거고. 그런데 그걸 끝낼 수 있는 방법이 있지. 그건 바로 네가 하나님이 되는 거야."

우리가 분명히 알 수 있는 건 뱀의 말이 진실이고 아니고를 떠나 **그가 가진 됨됨이가 매우 교활하다는 것**이다. 그의 본성이 인간을 진심으로 위한다거나 사랑한다고 볼 수 없다는 뜻이다. 뱀은 다만 그의 말로 인해 일어날 중요한 사건을 염두하고 있었을 뿐이다. 하나님과 인간의 관계를 영원히 깨트리는 것, 그것이 그의 목적이었고, 뱀이 가지고 있는 진의가 의도한 열매였다. 그리고 그 일은 일어나고 말았다.

국회의원이 딸 아버지의 친구에게 30억을 갖다주라고 한건 절대 그 친구의 사정을 고려해 빚이나 갚아주겠다는 심상이 아니었다.

30년의 끈끈했던 우정이 끝나길 바랬고 그가 친구의 딸을 죽여주길 원했다. 만약 외과의사인 친구가 30억의 유혹을 뛰어넘고 우정을 선택했더라면 딸 아버지와 그 친구의 관계는 아마도 그 누구도 뛰어넘을 수 없는 관계를 평생 유지했을지도 모른다.

악마는 정말 신기하게도 인간이 가지고 있는 가장 깊은 욕망을 읽어낸다. 또한 그걸 가지고 어떻게 인간을 요리할지도 알고 있다. 그리고 긴밀하다고 생각했던 관계가 어떻게 하면 끝이 날지도 안다.

뱀의 이야기를 듣기 전까지 인간은 하나님이 자신을 사랑하는 존재라고 믿었지만 이제 하나님은 자신에게서 프레셔스를 감춘 탐욕스러운 신으로 변모해 버렸다. 더 나아가 복종을 강요하고 자신을 이용만 하는 신으로 전락해버렸다.

'인간에게 주어진 능력으로 하나님이 원하시는 것을 한 것은 생존경쟁의 법칙에서 인간이 하나님보다 더 약하고 멍청했기 때문이었다. 하나님이란 고차원적인 생물은 인간을 이용하고 가장 소중한 것을 빼앗기 위해 인간을 만든 것이다.'

인간에게 불어 넣은 하나님에 대한 생각은 뱀의 말 한마디로 인해 위와 같이 변해 버린다. 뱀은 아담이 가지고 있던 가장 강한 욕망, 신이 되고 싶다는 의지를 읽었기 때문이다.

알고리즘의 의도

하나님의 알고리즘을 이해하는 건 미실의 수하의 말처럼 그 존재 자체를 파악하는 것과 연결된다. 그가 인간에게 말씀하시는 순종은 단순히 강압적이고 억압적인 복종이 아니다. 사랑하는 사람이 뭔가를 해달라고 말했을 때 기꺼이 하려고 하는 그 마음 자체를 바라시는 것이다. 이것이야말로 하나님이 인간에게서 바라시는 유일한 것이다.

30억이라는 돈자체가 선하거나 악한 것이 아닌 것처럼, 선악과도 그 자체로 악한 것이 아니다. 30억이 악한 도구로 변한 것은 국회의원이 악한 의도로 돈을 물들였을 때였다.

만약 30억의 사건이 없었다면 두 친구의 관계가 어느 정도의 우정인지, 아니 진짜 우정인지 아닌지를 가늠할 수 없었을 것이다. 설사 이러한 일이 없었대도 그 관계는 또 다른 위기에 봉착했을 것이며 여전히 같은 결과로 나타났을 것이다. 아이러니하게도 루시퍼와 하나님과의 관계가 완전히 박살난 건 선악과와 같은 위기가 없었기에 일어난 일이였다. 완전한 관계는 서로가 모든 것을 걸었을 때 그것이 완전함을 증명하게 된다.

모든 것을 걸지 않은 사랑에 대하여 세상의 노래들조차 반대하고 나선다. 모든 것을 걸지 않은 사랑은 아무 사이도 아닌 관계보다 더 비참할 뿐이다. 진짜 사랑은 어디에 존재할까. 처음에 만나 느끼는 불같은 감정일까. 물론 그때도 사랑한다고 말한다. 하지만 진짜 사랑은 오랫동안 많은 일을 견뎌낸 단단한 관계에서 태어난다. 30년 동안 좋은 것만 바라보다가 온 관계는 한 번의 치명적인 바이러스로도 죽어 나간다.

여러 번의 세균과 바이러스의 침투를 이겨낸 관계는 종국엔 결코 깨어질 수 없는 튼튼함과 무서운 힘을 만들어낸다. 그리고 마침내 모든 것을 걸게 만드는 강한 사랑으로 거듭난다.

하나님은 창조 이전에 결심하셨을지도 모른다. 우주에 단 하나밖에 없는 사랑의 나무를 만들자. 바이러스는 반드시 침투해야만 하는 것이었고, 그 시작점이 어디든 있어야만 했다. 두렵고 무섭고 고통스러운 일이었을 것이다.

하나님의 모든 권한이 눈앞에 있었다. 뱀은 그것을 30억으로 바꾸어 내밀었다. 함께 살자는 약속을 빼앗으라는 생존경쟁으로 둔갑시켜 내밀었다. 인간이 그걸 받아들지 말지 고민하는 결정의 순간에 하나님은 불안하고 무서운 마음으로 사람을 지켜보고 있었다.

그 사건은 아담과 하와와 뱀과 하나님만 볼 수 있는 게 아니었다. 온 우주가 공의로운 왕의 통치를 지켜보고 있었다. 뱀도 천사들도 우주의 별들도 그의 공의를 지켜보고 있었다. 그가 하겠다고 선언한 사랑에 어떤 의미가 부여되는지도 보고 있었다. 그 일은 지금도 일어나고 있다. 인간은 우주에서 그만큼 중요한 존재다.

하나님의 의도를 믿을 것이냐, 뱀의 의도를 믿을 것이냐는 우리의 결정이다. 난 이 책을 읽은 모든 이들이 지금도 존재하는 뱀의 의도와 하나님의 의도를 읽어주길 원한다.

우주라는 바둑판 위의 전쟁은 이제 시작되었다. 그러나 이건 재미를 가지고 하는 게임이 아니다. 우주의 정치이자 사랑의 행로다. 공의와 사랑이 함께 숨 쉬는 공간에서 하나님은 가장 지혜로우셔야만 한다.

선악과는 인간과 하나님의 사랑을 만드는 첫 번째 수이자 바이러스였는지도 모른다. 그리고 죽음은 그가 내놓은 다음 수였다. 자신의 모든 것을 내놓아야만 얻을 수 있는 진짜 사랑에 대한 도전은 그때부터 시작이었다.

선악과는 그분 자신의 모든 마음을 송두리째 담은 증거이자 사랑을 위해 싸우겠다는 결심의 상징이자 예표였다는 걸 인간도 뱀도 알지 못했다. 그것이 하나님의 진짜 비밀이었다.

2 / 죄의 소원

네가 선을 행하면 어찌 낯을 들지 못하겠느냐.
선을 행하지 아니하면 죄가 문에 엎드려 있느니라
죄가 너를 원하나 너는 죄를 다스릴 지니라.

_창 4:7

가인과 아벨

단 한 번이라도 해보고 싶은 것이었다. 사람들을 대표해 제물을 드리는 제사. 아버지가 항상 들려줬던 에덴동산. 불의 칼을 들고 있는 천사가 지키고 선 그곳과 유일하게 소통할 방법은 제물의 연기가 치솟아 오를 때뿐이었다.

아벨은 에덴동산에 있다고 하는 신의 음성을 듣고 싶었다. 저 파란 하늘에서 땅을 보고 있을 신은 정말 모든 이들의 신일까. 아님, 가인 형만의 신일까.

가인은 부모님의 첫 번째 자식이었다. 그 뒤로 많은 아이들이 태어났고, 아벨은 몇 번째인지조차 알 수 없었다. 공동체라는 것이 생기고 사람들은 땅을 갈아 농작했다. 이것이 공동체가 생계를 유지하는 유일한 방법이었다.

그들이 먹을 수 있는 양식은 땅에서 난 모든 것이었다. 그래서 곡식은 귀한 것이었고, 당시 세상에서 그보다 더 가치 있는 물질은 없었다. 아벨이 하는 일은 겨우 양 떼들을 모는 일이었다. 기껏해야 옷을 지어 입기 위해 가죽을 벗기는 용도였다. 남은 양(Lamb)의 고기는 버리거나 짐승에게 던져줬다.

옷은 그들의 수치를 상징했다. 부모님들이 에덴에서 쫓겨날 때 입었던 가죽이 사람들에게 무슨 자랑이겠는가. 아벨은 너무 약하고 힘이 없어 땅을 갈고 경작을 하기엔 부족한 아이였다.

그래서 아벨은 늘 가인이 부러웠다. 가인 형은 장자다웠다. 경작물도 가장 많이 거두는 아담의 자랑스러운 첫째 아들이었다. 그가 드리는 땅의 산물은 공동체의 자랑이었고, 하늘에서 연기에 화답하는 신도 그의 농작물을 기뻐했다. 형은 신과의 소통이 가능했다. 나도 할 수는 없을까.

"아버지 저도 제물을 드려보고 싶습니다."
아벨은 용기를 내어 말을 꺼냈다.
"무엇으로 제물을 드리려 하느냐. 너는 농사도 하지 않잖아."
"제 양이 … 있지 않습니까."
아벨이 기어들어 가는 목소리로 말했을 때 그걸 듣고 있던 가인이 비웃으며 핀잔을 준다.
"말도 안 되는 소리 마라. 그건 우리 인간의 수치야. 그걸 받으실 리가 없어."
가인의 말을 들은 사람들도 웃음소리를 흘린다.
"그래도 한 번 드려보고 싶습니다."

아벨의 풀이 죽어가는 소리에 하와는 우는 아이를 달래다 지그시

그녀의 여린 아들을 바라본다. '이 모든 게 나의 잘못이다. 그걸 먹는 게 아니었는데.'

밤이 되자 하와는 가만히 아담에게 말해본다. "한 번 드리게 해 봐요. 아직 해보지 않았던 거잖아요." 아담은 두려웠다. 하지 말라고 하는 걸 했다가 이 꼴이 났다. 그런데 해보지 않았던 것을 하다가 큰 사달이 나면 어쩌나 하는 생각을 했다.

하지만 자식 이기는 부모가 없다고 했던가. 아벨은 끈질기게 졸랐다. 드리게 해달라고 몇 번을 조르는지 모른다. 가인은 고개를 내저으며 그런 동생에게 핀잔을 준다. 절대로 에덴동산의 신은 너의 그 핏덩어리 고기와 기름을 받을 리 없다고 말해준다.

그래도 소용없다. 사람들의 질타에도 아랑곳없이 아벨은 가장 좋은 양을 고른다. "미안해." 양을 쓰다듬으며 말하고는 될 수 있으면 빨리 양의 숨통을 끊는다.

가인의 정갈한 곡식더미가 바구니에 담겨 제단 앞으로 가고 있다. 가인의 얼굴은 의기양양했다. 당연한 결과를 뭣 하러. 신은 아벨의 제사를 받지 않으실 게 분명했다.

그 자명한 결과를 가르치기 위해선 이 방법이 제일 효과적이다. 두 제단에서 동시에 드리는 것이다. 그래야만 동생이 정신을 차릴 뿐 아니라 가인의 입지 또한 굳혀질 것이다. 신의 선택은 결국 가인이며 공동체의 대표라는 것을 말이다.

가인은 오른쪽 제단에 서서 몇 번째 동생인지도 모를 아벨의 흉측한 제물을 흘끗 쳐다봤다. 양의 피가 흰 털에 묻어있다. 사람들의 눈살이 찌푸려졌다. 가인의 눈살도 찌푸려졌다. 아벨은 하늘을 향해 깊고 슬픈 눈빛을 날린다.

'제가 드릴 것은 이것뿐입니다.' 동시에 불을 붙인다.

불은 오른 쪽의 곡식과 왼쪽의 양털을 태우고 연기는 하늘을 향해 올라가기 시작한다. 가인의 의기양양한 눈이 두 개의 연기 기둥을 향한다. 아벨도 아담도 하와도 사람들도 고요한 정적 속에 두 연기 기둥이 어떻게 되는지 지켜보고 있다.

"어?"

한 사람이 감탄사를 발하며 눈을 동그랗게 뜬다. 손가락으로 하늘을 가리킨다.

"저, 저!"

하나의 연기 기둥만이 에덴동산으로 꺾어지고 있었다. 아벨의 눈에 눈물이 글썽인다. 다리에 힘이 풀린다. 무릎을 꿇고는 엉엉 울기 시작한다.

하지만 오른 쪽의 상황은 다르다. 가인의 얼굴이 울긋불긋하게 변하기 시작했다. 신은 자신의 연기를 받지 않았다. 오로지 아벨의 것만을 받았을 뿐이다.

그는 씩씩대며 제단에서 내려와 웅성대고 있는 사람들 틈을 빠져

나온다. 사람들이 시선이 느껴진다. 자신을 비웃는 것 같다. 겨우 아벨 같은 동생에게 진 꼴이라니.

이런 감정은 처음이었다. 너무 화가 났다. 자신의 연기를 받아주지 않은 신이 원망스러웠다. 내가 무슨 잘못을 했단 말인가. 난 열심히 일했고, 그 일한 것으로 신에게 드렸다.

그런데 왜 나의 것은 받지 않으시고 아벨의 것만을 받을 수가 있지? 그것도 사람들 앞에서 개망신을 주고 있잖아.

두 주먹이 떨린다. 피가 거꾸로 솟는 것 같다. 그때였다.

"네가 분하여 함은 어찌 됨이며 안색이 변함은 어찌 됨이냐."

가인은 갑자기 들려오는 소리에 놀랐지만 주체할 수 없는 화를 어찌하지 못했다. 고개를 들지 않았다. 신이 말하고 있었지만 그는 대꾸하지 않았다.

왠지 자신의 표정만 봐도 생각하는 걸 다 들킬 것만 같았다.

"네가 선을 행하면 어찌 낯을 들지 못하겠느냐. 선을 행하지 아니하면 죄가 문에 엎드려 있느니라 죄가 너를 원하나 너는 죄를 다스릴지니라."

가인은 신의 말이 마음에 들지 않았다. 다음 날 새벽 그는 아우 아벨을 사람들이 없는 들로 불러냈다. 그리고 돌로 쳐서 그를 죽인다.

최초의 살인 사건이 벌어지고 말았다.

하타트; 죄

가인과 아벨의 일을 나름대로 구성해 보았다. 왜 그가 아벨을 죽였는지, 당시의 사회적인 상황과 환경 등을 추측해 이야기로 써봤다. 성경은 핵심적인 부분만을 이야기한다.

가인과 아벨이 나왔다고 해서 그 당시에 오로지 가인과 아벨만 있었으리란 법은 없다. 그리고 어느 정도의 시간이 흘렀다는 말도 나와 있지 않다.

가인이 아벨을 죽인 후에 '사람들이 나도 죽일까 하나이다'라고 걱정을 하는 걸 보면 당시 사람들이 꽤 있었으리라 짐작해본다.

어느 정도의 사회가 형성된 인간 세상이었다. 그래서 그는 사람들의 이목을 상당히 중요하게 여기는 사람이라는 것도 추측할 수 있다.

하나님이 성경에 무엇인가를 기록한다는 것은 후에 사람들이 그 사건을 접했을 때 그들에게 알려줄 만한 메시지가 담겨 있다는 뜻이며 그만큼 중요한 사건이었기 때문이라고 생각한다.

따라서 당시 있었던 자잘한 사건들에 대해선 일일이 기록하지 않으시고 가장 중요한 사건들만을 기록하신 책이 성경이다. 하나님은 왜 이 살인 사건을 기록하셨을까. 난 이것이 그가 말씀하신 '죄'라는 단어와 연관이 있다고 믿는다.

한 번 자세히 들여다보자. 가인이 저지른 살인이라는 행위는 **죄가 실제적으로 나타난 최초의 사건**이었다. 아담과 하와가 선악과를 따먹기는 했지만 살인 사건이 있기 전까지 사람들은 아직 실제적인 죄의 행위를 한 적이 없었다.

에덴동산에서처럼 하나님이 하지 말라고 명한 어떤 말도 없었다. 도둑질, 강도 같은 일이 일어날 만한 사회 정책이 있지도 않았거니와 그저 경작하고 함께 살아가는 것 외엔 다른 생활의 방식이 없었던 것이다. 즉, 인간이 강한 욕심을 부릴 사건이 존재할 만한 사회가 아직 형성되지 못한 때였다. 가인의 살인과 죄에 대해 살펴보기에 앞서 우린 왜 하나님이 아벨의 제사만 받으셨을까를 고민해 봐야 한다.

하나님은 절대 아벨의 고기와 기름을 좋아하는 분이 아니었다. 그렇다고 가인의 제물이었던 곡식을 싫어하시는 것도 아니었다. 중요한 건 사람이었다. 성경에선 이렇게 기록한다.

여호와께서 아벨과 아벨의 제물을 받으셨다. 하지만 가인과 가인의 제물은 받지 않으셨다.

왜 **아벨과 아벨의 제물**이라고 했을까. 아벨이 자신을 태웠다는 것일까. 아니다. 분명 아벨의 마음을 말씀하신 것이었으리라. 이것은 예수님의 시대에도 지금의 시대에도 마찬가지다. 제물이 아무리 깨끗하고 율법에 어긋나지 않아도 하나님은 그 사람이 드리는 마음의 중심을 원한다.

바리새인들의 마음과 세리의 마음, 교만한 사람과 겸손한 사람의 마음에 관한 것이며 하나님을 이용하려는 사람과 하나님을 원하는 사람의 마음에 관한 것이다. 하나님은 예물이 좀 덜 충분해도 중심이 그분께 있는 자의 것을 받으신다.

하나님은 사랑을 원하지 인간이 생각하기에 화려하고 아름다운 것을 원하지 않는다. 이것이 하나님이 창조하신 알고리즘의 가장 기본적 방향이다.

그는 알고리즘 밖에서 일 할 생각이 조금도 없으시다. 또한 그렇게 하실 수도 없는 분이다. 하나님은 가인의 제물이 중심을 드리는 것이 아니었음을 그런 척하는 가식으로 드려진 제물이었음을 단번에 간파하셨다.

가인의 목적은 하나님의 눈에 선명히 보였다. 그가 동생보다 우월하다는 것을 보여주기 위해 제물을 가지고 왔음을 아셨다. 그것은 하나님을 향한 순수한 마음과는 거리가 멀었다.

그는 그러한 제사를 받으시는 타협을 결단코 하지 않으셨다. 그렇지 않았다면 가인은 계속 어긋난 길을 갔을 것이며 가인 때문이 아니더라도 하나님은 자신의 모습을 사람들에게 명확하게 가르치기 원하셨다.

난 중심을 원한다. 너를 원한다.

이 가르침 뒤에 하나님은 가인에게 일어나고 있는 일을 다급하게 설명하신다. 가인의 마음에서 일어나는 선택이 하나님에게 보인 것이다.

'네가 선을 행하면 어찌 낯을 들지 못하겠느냐.'

NIV에선 '선을 행하다'를 'do what is right(옳은 것을 하다)'로, KJV에선 'thou doest well(네가 행동을 잘하다)'이라고 해석한다. '선을 행하다'에 해당하는 히브리어 원어는 יטב-yatab: '받아들여지다, 옳은 것을 이용하다, 더 좋게 하다, 부지런히 하다, 친절함을 보이다, 좋은 상태를 유지하다' 라는 뜻을 지닌다.

이를 종합해 보면 우린 하나님의 생각을 쉽게 유추할 수 있다. 가인에게 들어온 생각을 읽은 하나님의 말씀은 이러하다.

'네가 고개를 들지 못하는 건 옳은 일을 행할 마음이 없다는 걸 알기 때문이다.'

이 말에서 알 수 있는 것은 가인의 양심이 옳고 그름이 무엇인지, 선과 악이 무엇인지를 알고 있었다는 것이다. 그래서 가인은 아담이 나무 뒤에 숨는 것처럼 하나님을 향해 고개를 들 수가 없었다.

가인은 자신의 안색이 변한 이유를 알고 있었다. 그 다음을 살펴보자. 하나님은 차분히 **상황 설명**을 하신다. 이제부터 일어날 엄청난 일에 대하여.

'죄가 문에 엎드릴 것이다. 죄가 너를 원할 것이다.'

대체 '죄가 문에 엎드린다'는 말은 무엇이며 '죄가 너를 원한다'

는 말은 무엇인가. 여기서 사용된 '엎드리다'에 해당하는 히브리어 רבץ(rabat)은 '짐승이 먹이를 잡기 위해 웅크려(crouch) 있다'는 뜻이다. 하나님은 죄를 마치 '먹이를 움키기 위한 짐승'처럼 표현하고 있다. 베드로전서 5장 8절에서도 대적마귀가 우는 사자처럼 삼킬 자를 찾으러 다닌다고 경고하는데 이곳 창세기 4장 7절도 그와 비슷한 말로 하나님이 경고하신다. 즉, 죄는 마치 먹이를 찾는 짐승처럼 인간의 영혼을 찾아다닌다는 뜻이다.

그렇다면 죄가 엎드려 있는 '문'은 무엇일까. 문은 어떠한 공간에서 다른 공간으로 넘어가는 통로다. 인간의 세상에서 죄라는 개념은 있었으나 실질적 행위는 한 번도 일어나지 않았다.

생각만으로 존재하던 죄가 실제적인 죄가 되는 것은 다른 차원이다. 말하자면 생각의 죄는 이제 생각만의 죄가 아닌 문을 넘어 다른 차원의 죄의 세상으로 가려는 찰나인 것이다.

지금 그 일은 가인을 통해 일어나기 직전이다. 가인이 손을 들어 아우 아벨의 피를 흘리기만 하면 죄라는 짐승은 이제 생각을 넘어 세상 안으로 튀어 들어올 것이다. 가인은 실제적 죄인이 되는 것이다.

인간의 행위를 통해 죄가 세상에 나타난다. 이것은 거대한 사건이다. 죄라는 짐승이 생각의 문을 넘어 세상으로 들어오는 첫 번째 사건이었던 것이다. 하나님은 지금 그 괴물이 웅크리고 있으며 그 목표물이 바로 가인이라는 것을 보여주신다.

'**죄가 너를 원한다**' 라고 말씀하시는데 여기서 사용되는 히브리어는 תשוקה(tashookaw)로 '여자가 남자와 성교를 하고 싶어 하는 욕망'을 표현하는 단어라고 한다. 그만큼의 강렬한 욕구가 죄에게 있다는 뜻이다.

영어로 표현하자면 'sin desires you' 라고 할 수 있다. 동사인 '**원한다**'의 주체가 가인이 아니라 '**죄**' 그 자체라는 것을 강조하신다. 그 죄가 가인을 원하고 있고, 그것은 가인 안에서 일어나는 욕구였다. 욕구의 주인은 가인이 아니라 죄라고 말씀하시는 것이다.

즉, 우리는 죄에 사로잡힐 수 있음을 보여주고 있다. 그리고 하나님은 가인에게 말씀하신다. 거기에 사로잡히지 말고 그것을 다스리라고 하신다.

그런데 우리는 안다. 이것이 얼마나 힘든 일이며 불가능한 일인지. 죄에 한 번 사로잡혔을 때 거기에서 빠져나온다는 것은 늪에서 스스로 빠져나오는 것 만큼이나 힘든 일이다.

가인은 사로잡혔고, 다스리지 못했다. 그에겐 불같은 성욕을 절제할 만큼의 연단도 훈련도 없었다. 훈련이 없는 군인은 전쟁에서 절대 승리할 수 없다.

그래서 결국 선하지 못한 행위를 범한다. 그는 아벨을 죽였고, 살인이라는 실제적 행동은 가인을 통해 문을 넘어 세상 안으로 튀어 들어와 가인의 영혼을 갈기갈기 찢어 놓는다.

아벨의 피를 본 죄는 가인의 양심을 비웃으며 반드시 죽을 것이라고 못을 박는다. 이제 피할 수 없는 죽음의 심판만이 그 앞에 도사리고 있을 뿐이라고 말한다. 그런데 흥미로운 단어 하나가 보인다.

바로 '죄'라는 단어다. 히브리어로 חטאה(chatta'ah)라는 말의 뜻을 사전에서 찾아보기로 했다. 여기엔 여러 가지 뜻이 있다.

첫째 뜻은 당연히 '**죄**'로서 영어로는 'sin'이었다. 그리고 아무 생각 없이 두 번째의 뜻을 읽는 순간 난 멍하니 한참 동안 글자를 들여다봐야 했다.

두 번째 뜻은 '**속죄제물**'이라는 뜻이었다. 'sin offering', 이것은 죄와 정반대의 개념이다.

죄는 인간의 육체에서 일어나는 가장 더러운 행위를 지칭한다. 그런데 죄를 속하기 위한 제물은 육체의 죄를 씻기기 위한 것으로서 양이든 비둘기든 소든 흠도 점도 없어야 하고 깨끗한 마음으로 드려지는 것이어야 한다.

하나님은 속죄 제물의 거룩함에 대해 율법에서 명확히 말씀하신다. 레위기나 신명기에서 쓰이는 속죄 제물의 히브리 단어도 chatta'ah로 동일하게 사용되었음을 확인할 수 있었다.

죄와 속죄제물은 영의 세계에서 정반대의 개념이다. 하나는 지독히 더럽고 하나는 지독히 깨끗해야 한다. 끝과 끝을 장식하는 개념이지만 같은 단어를 쓰고 있는 것이다.

신약에 와서 구약의 속죄제물은 예수 그리스도라는 영원하고 완벽한 제물에 대한 예표라고 말한다. 우리가 다스릴 수 없는 죄에 관한 문제를 해결할 방법이 오직 예수 그리스도라는 제물 외에는 없다고 말한다.

'죄의 모양'으로 오신 그가 '제물'이 되어 사람의 죄를 속하신다는 것이 기독교의 기본 이념이다. 어쩌면 하나님이 처음으로 사용하신 '죄'라는 단어 안에 이미 오랜 후에 일어날 그의 비밀이 숨겨져 있었는지도 모른다는 생각이 들었다. 만일 그의 알고리즘이 계획하는 죄와 죽음에 대한 플랜이 있다면 말이다.

아마도 그는 이때부터 십자가와 아들의 희생에 대하여 준비하신 것을 이 단어를 통해 말씀하셨던 건지도 모른다. 미리 얘기 할 수는 없었지만 역사에서 가장 중요하게 쓰일 이 단어 안에 그의 가장 소중한 비밀을 숨기셨던 것 일지도 모른다.

죄의 강력한 소원과 욕망이 인간을 처참하게 짓밟고 삼켜 절망과 음부의 늪으로 끌고 갔을 때 그는 이 단어 안에 숨어 다른 계획을 준비하고 있었던 것은 아니었을까.

죄의 소원이 아무리 강렬하게 인간을 원했을지라도 그래서 인간이 끝없이 죄의 강력한 능력에 굴복하고 역사를 망쳐 놓고 하나님의 마음을 상하게 하고 또 상하게 해도 하나님의 비밀이 그의 사랑이 불씨를 품어 그 대항할 준비를 하고 있었던 것은 아니었을까 생각해본다.

Chapter 2

사랑, 비밀스런 꿈을 꾸다

1 / 바벨탑

그 어떤 것도 인간이 끊임없이 추구하는 욕망을
막아내지 못했고 못할 것이다.
_본문 中

아니, 돈이 최고라고 말하는 악마지
_드라마 밀회 中

지금 세계는

텔레비전 채널을 여기저기 돌리고 있을 때였다. 흥미로운 광고가 뜨고 있었다. 어느 신문사가 주최하는 '세계 지식 포럼(World knowledge forum)'이란 컨퍼런스에 관한 것이었다. 내 눈이 휘둥그레졌다.

슈레더 독일 전 총리, 전 미국 부통령 딕 체니, 웬디 셔먼 장관 등등 아무 데서나 만나볼 수 없는 정치 인물들이 총출동하는 게 아닌가. 게다가 구글이나 IBM 등의 굴지의 기업들, 세계적 기업을 맡고 있는 CEO와 CFO들, IT 기업의 엔지니어들, 컴퓨터 공학박사들, 미래학자들이나 지정학적으로 중요한 나라의 인사들이 한 곳에서 사흘 동안 강연을 한다는 것이다. 그것도 한국에서.

당장 사이트를 찾아 들어갔다. 이런 기회가 또 있을까. 한곳에서 세계를 볼 수 있는 창이 열린 것이다. 난 콘퍼런스가 열린 이래 처음으로 개인 참가 자격을 얻었다.

즐거운 마음으로 아침 일찍 콘퍼런스가 열리는 곳에 도착했다. 강연이 시작됐다. 오전부터 저녁 여섯 시까지 이어지는 강의는 대학처럼 내가 좋아하는 주제를 골라 들을 수 있었다. 사흘 동안 신나게 뛰어다녔다. 밤에 곯아떨어질 만큼 피곤한 삼일이었다.

내가 소향이라는 걸 아무도 눈치채지 못하는 것이 다행스러웠다. 그래서 덕분에 질문도 많이 던졌다. VR, AR, IOT에 관한 질문들, 컴퓨터의 보안과 수용의 밸런스에 관한 문제나 미래에 일어날 사이버 테러나 전쟁, 빅데이터와 AI에 관한 논쟁들, 유럽 연합이나 브렉시트에 관해 핀란드 전 총리나 그리스 전 총리의 의견을 묻기도 했다.

화폐 시스템에 관한 문제들과 기업들의 성장 과정과 그 방안들, 세계 오일 시장의 변화와 예측 같은 것들을 들으며 많은 생각을 했다. 많은 쟁점과 의견들이 오갔지만 그들이 공통적으로 걱정하는 주제가 있었다. 지구가 저성장의 시대를 지나고 있다는 점이었다.

70년대와 80년대에 비해 세계의 경제 성장률이 낮다는 것을 걱정했다. 그건 정치인들이나 기업인들이나 마찬가지였다.

그 누구도 이 정도로 충분하다고 말하는 사람은 없었다. 여기서 잠깐 성장은 멈추고 뒤를 돌아봐야 한다고 말하는 사람들도 없었다. 그렇게 말하는 사람은 아마 여기서 미친 사람으로 취급될 것이다. 어떤 기업의 CEO가 우리 회사는 이제 덜 성장해도 된다고, 이만하면 됐다고 말할 수 있을까.

세상의 모든 기업과 나라는 작년보다 더 많은 돈을 벌기 원하고 작년보다 더 발전된 그래프를 보기 원한다. 윈윈(win-win)을 위해 여러 나라가 협력하고 거래를 한다. 암묵적인 암투와 불평등에 대한 불만은 있지만 그래도 그들은 영어라는 공통언어와 달러라는 공통의 화폐로 거래를 하고 머리싸움을 한다. 세상은 점점 더 높은 곳을 향해 달려가기를 원하는 것 같았다.

난 사흘을 마치고 씁쓸한 고뇌를 하며 집으로 돌아갔다. 계속 자라기만 하는 병을 가진 인간은 언젠가 죽지 않을까. 과잉 성장으로 인해 늘려야 할 공급이 언젠가 이 지구를 죽게 만들지 않을까.

*

집으로 오는 길. 나는 '바벨탑'이라는 단어가 떠올랐다.

오래 전 노아의 홍수가 지나고 사람들은 기하급수적으로 세상을 채우기 시작했다. 당시 그들은 하나의 언어를 쓰고 있었다.

시날의 평야는 광활했고 사람들은 그곳에서 탑을 쌓기 시작했다. 함의 자손인 최초의 영걸 니므롯의 나라가 시날 땅의 바벨에서 시작되었다는 것을 보면 아마도 이것을 주도한 사람이 니므롯이 아닐까 한다.

> 성읍과 탑을 건설하여 그 탑 꼭대기를 하늘에 닿게 하여 우리 이름을 내고 온 지면에 흩어짐을 면하자 창 11:4

이것이 바벨탑의 기원이다. 바벨탑의 사상은 지금의 성장 이념과 다르지 않다. 과학의 발달과 경제 성장의 구도가 추구하는 이념은 탑의 꼭대기를 하늘까지 닿게 하자는 것이다. 세상은 끝없는 성장을 위해 탑을 쌓고 또 쌓는 중이다.

우린 이렇게 생각할 수 있다. 탑을 하늘 꼭대기까지 닿게 한다는데 그게 무슨 대수란 말인가. 그저 탑을 쌓는 일일 뿐인데. 왜 하나님은 그들의 탑을 막기 위해 하늘에서 내려오시기까지 한 걸까.

하나님이 인간에게 선악과를 못 먹게 한 것이 뱀의 말대로 인간이 하나님이 될까봐 걱정되고 시기가 난 것처럼 그분은 또 인간의 거대한 꿈의 탑 쌓기를 방해하신 걸까?

정말 막을 수 없을 것 같아서?(창 11:6)

바벨탑을 쌓을 때 대체 무슨 일이 있었기에 하나님은 그렇게 내려오시기까지 하신 걸까?

세계 지식 포럼에서 내가 허무함을 느꼈던 것은 그들이 말하는 성장이 모든 이들에게 일어나지 않을 거란 점 때문이었다.

다이아몬드의 생산을 위해 수많은 아프리카인의 엄청난 희생이 요구된다. 돈을 벌기 위해 어린아이든 병자든 상관없이 그들은 목숨을 걸고 다이아몬드를 캐야 한다. 그래서 오죽하면 블러드 다이아몬드라고 부르겠는가. 하지만 아프리카의 아이들이나 노동자들에게 경제 성장이라는 말은 그들의 삶과는 전혀 관련이 없다. 성장하는 경제는 오로지 다이아몬드 회사에 있을 뿐이다.

모피 사업은 잔인하기 짝이 없다. 동물들의 가죽을 벗기는 과정을 본 사람들이라면 가지고 있는 모피를 입을 용기도 나지 않을 것이다. 기절을 시켜 산채로 가죽을 벗기는데 가죽을 벗기는 도중 동물은 다시 정신을 차린다. 그 과정에서 동물이 받을 고통은 상상하기도 싫다.

모든 종류의 동물의 모피가 그렇게 생산된다. 한 달에 희생을 당하는 동물의 숫자는 셀 수 없이 많고 성장이라는 이름으로 동물들은 고통을 당한다.

우리나라에서 한동안 화제가 됐던 개 공장도 마찬가지다. 강제로 임신을 시키는 개 공장의 주인은 동물이 어떤 고통을 당하건 말건 상관하지 않는다. 더러운 오물더미 위에서 먹고 잔다. 그렇게 평생 새끼만 낳다가 처참하게 죽는다. 그것은 모두 개 시장의 엄청난 성장 때문에 일어난 일이다. 일일이 나열하자면 끝도 없다.

콜롬버스의 아메리카 대륙의 발견으로 스페인은 인도에서 후추를 싼값에 수입할 수 있는 길을 발견했다고 생각했지만, 아메리카 대륙엔 당시 인기가 있던 후추 같은 것은 없었다. 그래서 생각한 것이 노예시장이었다.

난 아직도 오래전 노예선의 설계도를 상상하면 구역질이 난다. 닭장 같은 곳에 수백 명의 노예를 집어넣고는 몇 개월 동안 꺼내주지도 않는다. 그동안 절반의 노예가 죽거나 정신병자가 되어 있고, 그 중 살아남은 30%의 사람들만이 아메리카 대륙에 도착해 노예의 삶을 살았다.

경제 성장을 위해, 누군가의 사치를 위해 지구는 피를 흘린다. 요한계시록 18장 9절에서 하나님은 광야에서 붉은 용을 타고 피에 취해있는 여자와 함께한 왕들의 죄를 두 가지로 정의한다.

음행과 사치. 왜 이 두 가지였을까. 난 지금의 이 세대를 보며 그 두 개의 단어가 얼마나 정확하게 이 세대를 표현한 것인지를 깨닫는다. 누군가의 사치로 인해 어린아이가 고통당하고 바다의 생물이든 육식동물이든 멸종의 위기를 맞이한다. 어떤 사람들은 비만으로 죽어가지만 어떤 사람들은 배를 곯아 죽기도 한다.

사치는 피를 부르고 육신의 쾌락으로 인해 수많은 어린 소녀 소년들은 고통을 당한다. 가려져 있는 진실이 쏟아내는 피는 땅에 넘쳐흐른다. 피비린내는 이미 진동할 대로 진동해 있지만 우리는 그걸 맡지 않으려 노력한다.

탑 쌓기로 인해 깔려 죽는 사람들, 떨어져 죽는 사람들이 부지기수다. **탑을 쌓을 때 인간은 탑의 꼭대기가 언제 하늘에 닿을까만을 바라본다.** 그 목적을 위해 어떠한 범죄도 희생이라고 생각하며 시체를 밟고 올라선다. 그것이 바로 우리 스스로가 통제할 수 없는 욕망이다.

아무리 법체제가 발달하고 나름의 정의를 외치며 재판관의 망치

소리가 법정을 울려도 욕망은 반드시 탑의 꼭대기를 더 쌓으려 할 것이다. 그 어떤 것도 인간이 끊임없이 추구하는 욕망을 막아내지 못했고 또 못 할 것이다. 하늘은 경계가 없다. 그리고 그 탑이 하늘에 닿는다고 해도 깨닫지 못할 것이다. **꼭대기에 서 있을 수 있는 사람은 단 한 명뿐**이라는 사실 말이다.

경제의 발전이 가져다주는 또 다른 절망적인 현상은 세분된 계급사회다. 금수저, 은수저, 흙수저 뿐만이 아니다. 학교는 성적으로 학생들의 자질을 판단한다. 학생들 사이에서 상위 10%, 1% 안에 들기 위해 노력하고 그 이하의 학생들은 미래가 없는 것처럼 느낀다.

그건 세계 최고의 학교라는 하버드 안에서도 마찬가지다. 학생의 90%가 열등감에 시달린다는 사실을 아는가. 그리고 확신하건대 상위 10%의 학생들 안에서 90%의 학생이 상위 1%의 학생들을 바라보며 왜 나는 저 반열에 들지 못할까를 고민할 것이다. 그렇다면 하버드에서 가장 공부를 잘한다고 소문이 난 10명의 학생은 어떨까. 그중 9명은 공부를 제일 잘하는 1명의 자리를 부러워하고 있을지도 모른다.

사회는 어떨까. 두 명의 유명한 탑 여배우가 있다. 한 영화에 출연한다고 치자. 그런데 그중 한 명이 다른 한 명보다 조금 더 유명한 여배우다. 촬영 중 음식 차가 와 있어서 감독이 식사하라고 권유한다.

그런데 감독이 더 유명한 여배우에게 먼저 권유하고 그다음에 다른 여배우를 챙긴다. 감독은 그저 눈에 먼저 보이는 사람을 챙기는 건데도 덜 유명한 여배우는 이렇게 생각한다.

'나를 무시하는 거로군. 내가 저 배우보다 덜 유명해서 저 감독이 저러는 거야. 더 많이 유명해지기 위해 노력해야지.'

결국 인류가 쌓은 탑 꼭대기엔 단 한 명만 남아 있을 것이다. 그리고 곧 누군가가 와서 그를 잔인하게 밀치고 그 자리를 차지하려 들 것이다.

하나님은 이러한 시나리오를 알고 있었다. 이러한 일들은 그의 알고리즘으로 일어난 일이 아니다. 선악과 옆에서 속삭이던 뱀은 지금도 우리 옆에서 속삭인다. 그걸로 충분하겠느냐. 너의 꿈을 위해선 어쩔 수 없는 희생은 불가피한 것이다.

선악과는 다만 상징일 뿐이다. 각자가 가지고 있는 욕망의 열매가 바로 그들만의 선악과다.

누가 누가 최고일까

JTBC 방영 〈밀회〉라는 드라마를 본 적이 있다. 여주인공의 직업은 비서다. 한 재벌 가족의 온갖 더러운 뒤치다꺼리를 하며 돈을 번다. 비리와 부정과 탐욕에 물든 더러운 패밀리지만 그녀는 나름 사회적 위치를 가지고 다른 이들의 수발에 으쓱해 하며 산다.

그러다 한 젊은 청년과 사랑에 빠진다. 순수하기 짝이 없는 청년의 시선에서 여주인공의 직업은 노예다. 그는 사랑하는 여인에게 물어본다.

"선생님의 보스는 누구예요?"

그 질문에 여주인공은 피식 웃으며 멍하니 대답한다.

"돈…"

그러다 고개를 젓는다.

"아니, 돈이 최고라고 말하는 악마지."

그렇다. 그녀의 보스인 재벌 회장조차 노예에 불과하다. 돈이 시키는 일이면 그 누구든 죽이고 배신하는 데 주저하지 않는다.

탑의 꼭대기에 앉은 한 사람조차 이곳을 지키기 위해선 어떤 희생도 마다하지 말라고 말하는 악마의 노예인 것이다.

여주인공을 사랑하는 청년은 그 여인에게 이렇게 말한다.

"그냥 다 놓고 나오시면 안 돼요? 나랑 같이 살아요."

난 이 장면에서 성경의 한 장면을 떠올렸다. 예수님이 부자 청년에게 가지고 있는 것을 다 팔아 가난한 자들에게 나눠주고 넌 나를 따르라고 말씀하신다. 같은 말이다.

청년이 사랑하는 여인에게 원하는 것은 그 굴레를 다 벗어버리라는 것이다. 그 여인이 자신과 함께 있기를 원하는 마음, 그 여인이 제발 노예라는 타이틀을 버리고 자유를 얻기를 바라는 마음의 외침과 같은 것이다.

예수님은 그 청년을 사랑하셨다. 사랑하셨기에 손에 쥔 것을 버리고 따르라고 했다. 부자 청년이 어디에 사로잡혀 있는지를 알고 계셨기 때문이었다. 예수님의 무덤을 산 아리마대 요셉에겐 그런 요구를 하지 않으셨다. 똑같이 부자였고 예수님을 따르던 사람들이었지만 예수님은 각 사람이 어떤 종류의 노예인지를 정확하게 파악하셨다.

바벨탑을 막으시고 사람들에게 다른 언어를 줘 흩으신 건 하나님이신 스스로가 걱정되어 하신 일이 아니다. 인류가 어떤 노예가 될지 이것으로 인해 얼마나 많은 이들이 희생되고 지구가 고통스러워할지를 아셨던 것이다. 그렇다고 또 노아 때처럼 홍수로 다 죽일 수는 없는 노릇이었다.

오늘날의 바벨탑은 더더욱 잔인하고 불투명하다. 불투명하기에 그 탑이 얼마나 잔인한지도 깨닫지 못한다. 우리는 그것을 모두 다 보기에 너무 작은 시야를 확보하고 있다. 언제나 눈앞에 보이는 탑의 꼭대기만 보고 있을 뿐이다.

하나님은 이러한 세상을 보시며 고통스러워하신다. 그 때문에 그는 꿈의 사람들을 부르신다. 이것이 하나님의 알고리즘이 일으키는 중요한 현상 중 하나다.

2 / 꿈의 사람들

희망을 잃은 자들이 희망을 꿈꾼다.
아들이 없는 자들이 아들을 꿈꾼다.
장자가 아닌 자들이 장자를 꿈꾼다.

_본문 中

비전-탐욕 = 꿈

하나님은 욕망을 죽이기만 하는 분이신가. 무언가를 원한다는 것 자체에 대한 말살 정책으로 세상을 다스리는 분이신가. 아니다. 그분이야 말로 원하는 것을 하시는 분이시며 꿈이라는 것을 인간의 마음에 불어 넣기를 원하신다.

'**꿈이 없는 백성은 망한다**'는 말씀을 하실 만큼 그는 꿈을 꾸는 신이다. 꿈은 무엇인가. 꿈은 탐욕과 다르다. 단순히 높은 탑을 쌓는 것과는 다른 의미다.

그의 꿈꾸시는 첫 번째 스텝은 우리와 꿈을 나누고 함께 그 일을 하는 것이다. 그렇다면 하나님은 어떤 꿈을 꾸게 하셨으며 우리에게 어떤 꿈의 사람들을 태어나게 하셨을까. 성경은 유난히도 '**아들**'에 관한 꿈을 꾸게 하는 일이 많았다.

믿음의 조상인 아브라함은 35년을 기다려 하나님이 약속하신 아들 이삭을 얻었다. 이삭의 아내였던 리브가도 아이를 낳지 못하다가 에서와 야곱을 얻었다. 야곱의 아내 라헬도 계속 아이를 얻지 못하다가 요셉을 낳았으며 유다의 며느리였던 다말은 남편 두 명이 모두 죽자 시아버지였던 유다에게 거짓말을 해가면서까지 그를 통해 아들을 얻는다. 사무엘의 어머니였던 한나 또한 아들을 얻기 위하여 기도하다가 사무엘이라는 위대한 선지자를 낳았다.

그리고 특별히 이 아들들은 '**장자**'에 관한 꿈을 꾼다. 이삭이 태어나기 전에 아브라함은 사라의 몸종이었던 하갈을 통해 이스마엘을 얻는다. 이삭은 자신이 꿈을 꾼 것은 아니었지만 하나님은 그를 진짜 아들, 장자라고 말씀하신다. 둘째였지만 첫째가 된 것이다.

이삭의 두 아들도 마찬가지다. 에서가 첫째고 야곱이 둘째지만 야곱은 술수를 통해 에서의 장자권을 뺏는다. 야곱의 열두 아들 중 르우벤이 장자였으나 그는 아버지의 첩과 동침함으로 장자권이 박탈된다. 장자권은 열한 번째 아들이었던 요셉의 계보로 이어진다.

그리고 요셉의 두 아들 므낫세와 에브라임 중 둘째인 에브라임에게 장자권이 전승된다. 무엇보다 다윗은 이스라엘의 두 번째 왕이었으나 그는 최초의 성공적인 왕으로 기억된다. 사울은 하나님 앞에 버림받은 첫 번째 왕이었다.

위 계보에 나온 꿈꾸는 자들의 공통점이 무엇인지 아는가.
희망을 잃어버린 자들이었다.
아브라함에게 약속하신 아들이 세상에 나왔을 때 그는 믿기지 않았다. 그가 100세였기 때문이었다. 그가 아들을 낳겠다는 말을 들은 이후 35년이나 지났을 때였다. 그는 모든 것을 포기한 상태였다. 그것은 아내였던 사라도 마찬가지였다.

이삭과 리브가도 그러했다. 한동안 아이가 생기지 못해 간구했다고 했다. 야곱은 어떠한가. 둘째로 태어났기 때문에 장자의 복은 꿈도 꾸지 못했다.

유다의 며느리 또한 마찬가지였다. 유다는 그녀로 인해 자신의 두 아들을 잃었다고 생각했다. 그는 아들을 또다시 잃고 싶지 않았다. 며느리를 평생 과부로 썩히게 할 작정이었다.

요셉은 형들에 의해 노예로 팔려 감옥 생활까지 했다. 13년을 노예로 살거나 감옥에서 썩다 나왔다. 엘가나의 아내였던 한나는 엘가나의 다른 부인인 브닌나에게 매일 핀잔을 들어야 했다. 아들이 없다는 이유였다.

희망을 잃은 자들이 희망을 꿈꾼다.
아들이 없는 자들이 아들을 꿈꾼다.
장자가 아닌 자들이 장자를 꿈꾼다.

꿈이 진정한 꿈의 형태와 알맹이를 갖추려면 그건 오로지 **탐욕을 잃어버린 자들에 의해서만** 이뤄질 수 있다.

꿈의 본질

자, 가인과 아벨을 다시 살펴보자. 우리는 가인과 아벨이 각각 뭘 원했는지를 살펴봐야 한다. 그리고 그들의 마음의 상태를 확인해 봐야 한다.

가인은 뭘 원했을까. 하나님과의 소통? 장자가 가진 복? 제사를 드릴 때의 기쁨? 이것들은 이미 그가 가진 것이다. 그는 원할 필요가 없다. 그는 다만 권력을 유지하기 원했다. 자신의 우월함을 입증하길 원했다. 이런 걸 우린 꿈이라고 부르지 않는다. 탐욕이라고 한다. 반면 아벨은 어땠을까.

그는 가인이 가졌던 것을 하나도 가지거나 누릴 수 없었다. 하나님과 소통하고 싶지만 할 수 없다. 제사를 드리고 싶지만 드릴 자격이 되지 않는다. 장자로서의 복을 가져보고 싶지만 할 수 없다. 그는 동생이니까.

당신이 하나님이라면 어떤 이에게 장자의 복을 주겠는가. 이상하게도 사람은 높은 지위에 오르면 삶의 태도가 저도 모르게 변한다. 거만해지고 탐욕스러워지고 사람들을 무시하거나 거들먹거린다.

특히 왕과 같은 자리에 앉고 난 후 급속도로 변하는 사람들이 있을 뿐 아니라 대부분의 인간이 권력의 힘에 자신을 굴복시키고 만다. 그렇지 않은 사람보단 그렇게 변하는 경우가 더 많은 걸 보면 인간의 탐욕은 왕보단 왕좌에 더 집중하게 하는 것 같다.

그러나 진정으로 **왕이 되기를 원하는 사람과 왕의 자리를 차지하**

기만을 원하는 사람의 마음은 하늘과 땅 차이다.

하나님이 둘째로 하여금 첫째를 꿈꾸게 하고 희망이 없는 자들로 하여금 희망을 꿈꾸게 하는 이유는 그들이 그것으로 인하여 꿈의 본질을 가지게 하려 함이다.

장자는 둘째를 보듬어야 한다. 희망을 품은 자들은 희망이 없는 자들을 살펴야 한다. 아들을 가진 자들은 아들이 없는 자들에게 위로를 건네야 한다. 그런데 이상하게 이미 가진 자들은 그들이 가졌다는 것 때문에 탐욕을 부리기 시작한다.

자신이 가진 것으로 가지지 못한 자들 앞에서 자랑하기 시작한다. 심지어 가지지 못한 자들의 것을 빼앗기 시작한다. 꿈의 본질이 아닌 화려한 껍데기에 도취된 결과다. 왕이 되는 것이 아닌 왕의 자리만을 탐낸 결과다. 하나님이 그들을 꿈의 사람으로 인정하지 않는 이유다. 그러나 이렇게 되지 않기란 매우 어려운 일이다.

성경의 인물들이 믿음의 사람이라고 불리는 이유는 무엇인가를 이뤘기 때문이 아니다. 그들은 자신들 안에 있는 탐욕이 떨궈질 때까지 참고 인내하라는 하나님의 명령을 스스로 받아들였기 때문이었다. 성경에 일일이 기록되어 있지 않았지만 분명 그들은 매 순간 절망이 밀려올 때마다 스스로를 향한 질문을 던졌을 것이다.

왜 이런 일이 나에게 일어나는 것일까. 그리고 나의 마음은 어떤 모양일까.

하나님이 이들에게 기다리라고 말했던 이유다. 믿음의 사람들이라고 해서 다른 이들이 가졌던 탐욕이 없었을까.

아니다. 그들의 탐욕은 어쩌면 더했을지도 모른다. 그러나 불가능한 상황에 부딪힌 그들은 하나님이 말씀하시는 그들의 문제점을 받아들인다. 탐욕과 시기와 미움들은 이러한 삶의 순간들을 통해 점점 빠져나간다.

탑을 쌓는 것보다 공들여 쌓은 탑에서 내려가는 일이 더 힘들다. 그것은 마음에서부터 포기해야만 할 수 있는 일이다. 세상 모든 이가 그걸 하고 있는데 홀로 그 일을 안 한다는 건 여간 힘겨운 게 아니다.

그런데 그런 이가 꿈을 이룬다면 어떤 현상이 일어날까. 하나님은 꿈의 사람들의 마음을 철저히 비우는 작업을 더 오래 하셨다. 그것은 하나님의 강압이 아니었다. 스스로 함께 동참하는 마음을 가진 자들을 찾아 행하셨다. 그걸 우리는 **믿음**이라고 말한다.

하나님이 세운 그의 꿈의 사람들은 세상이 말하지 않던 알고리즘을 품기 시작했다. 믿음이라는 통로를 통해 그들의 영혼을 파고든 새로운 염색체가 그것이었다.

그렇다면 왜 하필 아들이었을까. 왜 장자였을까. 요셉은 총리가 되었고, 아브라함은 거부가 되었고, 야곱 또한 부자가 되었지만, 하나님이 그들에게 약속하신 첫 번째 꿈은 아들에 관한 것이었다. 그리고 둘째는 장자에 대한 꿈을 꾸었다. 이것은 하나님이 처음부터 숨기셨던 비밀과 깊은 연관성이 있다. 이에 대해선 차차 설명하기로 하고 어쨌든 진정한 꿈을 꾸기 위해서는 내가 꿈이라고 생각했던 것을 버릴 줄 알아야 한다.

인간의 탐욕은 늘 육체 안에서 활동하기 때문이다. 따라서 믿음의 사람들은 하나님의 이러한 어려운 요구를 많은 갈등 속에서 시행한다. 아브라함이 이삭을 버려야 했던 것처럼, 가나안 땅에 들어갈 수 없다는 하나님의 말씀을 받아들였던 모세처럼.

그러나 이 또한 인간이 스스로가 할 수 있는 일이 아니다. 하나님이 불게 하시는 고난과 아픔의 바람이 그들로 하여금 세상이 주는 희망을 놓게 하고 세상이 주는 증거들을 쥐고 있던 손을 펼치게 한다.

우리는 세상이 주는 희망에 모든 것을 걸 때가 많다. 눈에 보이기 때문이다. 그러나 답은 거기에 없다. 세상이 주는 우물에 목을 축이지 말라. 세상이 주는 희망을 그 손에서 놓아 보라. 그때 비로소 진정한 꿈이 보이기 시작할 것이다.

이것은 하나님이 역사의 말미에 나타내실 거대한 실체, 사랑이라는 알고리즘이 완벽하게 작용할 씨앗을 위한 밭 갈기였다.

씨앗을 품은 자들은 자신들이 어떤 씨앗을 품었는지도 모른 채 열심히 밭 갈기를 했다. 단지 하나님을 믿음으로 탐욕을 버리고 꿈을 꿨다. 그들을 통해 이루실 하나님의 꿈은, 씨앗의 실체는 거대한 산을 준비하고 있었다.

3 / 왕의 꿈

하나님의 꿈의 본질은 인간과 함께 일을 하는 데 있다.
_본문 中

내가 이것을 어여삐 여겨
_훈민정음 해례본 中

어여삐

우리나라 역사 인물 중 내가 가장 좋아하는 인물은 단연 세종대왕이다. 언젠가 텔레비전에서 나온 역사 선생님의 이야기를 들으며 울기도 하고 SBS TV 방영 〈뿌리 깊은 나무〉라는 사극을 보면서 감동을 받기도 했다. 역사 선생님이 굳이 강조하지 않아도 뿌리 깊은 나무에서 그린 세종대왕의 모습을 자세히 살피지 않아도 우린 알 수 있다.

그는 애민정신으로 가득한 왕이었다. 우리나라 역사상 가장 사랑이 많은 왕이었고, 가장 많은 일을 해냈던 왕이었다. 여노비의 출산 휴가를 만든 왕, 음악을 정비한 왕, 천문학을 공부한 왕, 노인을 공경하고 백성을 이해하기 위해 노력했던 왕. 그리고 훈민정음을 만든 왕.

말과 글이 달랐던 당시 안타까운 마음에 세종대왕은 우리만의 글자를 만들었다. 그의 정성은 완벽한 언어적 알고리즘을 가진 훈민정음을 완성했고, 지금까지 엄청난 영향력을 자랑한다.

저절로 생겨나지 않았던 글이 이렇게 오랫동안 사람들에게 사용된 글자는 훈민정음뿐이라고 한다. 훈민정음의 해례본 서문은 너무도 유명하다.

나랏말싸미 듕귁에 달아 문자와로 서로 사맛디 아니할쎄

이런 전차로 어린백성이 니르고저 할빼이셔도

마참내 제뜻을 능히펴지 못할놈이 하니다

내이를 어여삐 녀겨 새로 스물여덟짜를 맹가노니

사람마다 수비니겨 날로쓰매 편안케 하고저 할 따라미니라

이 글만 봐도 그가 백성을 얼마나 사랑했는지 알 수 있다. 나라에서 쓰는 말이 중국과 달라서 서로 맞지 않았다. 어리석은 백성이 뭔가를 말하고 싶어도 끝끝내 자신이 원하는 바를 말하지 못하는 사람들이 너무 많다. 내가 이것을 **어여삐** 여겨….

세종대왕은 한자를 알았고, 쓰기에 불편함이 없었다. 그러나 백성은 달랐다. 그 답답함을 이해하려는 왕이 아니었다면 그는 굳이 이런 어려운 일을 만들어 밤을 새우지는 않았을 것이다. 그가 원하는 것은 한글의 창제로 백성의 칭송을 받거나 사람들의 칭찬을 받는 것이 아니었다. 권력의 강화도 아니었다. 그는 **진정한 꿈을 꾸는 자였다. 백성을 위해.**

해례본의 서문 중 가장 감동적인 부분은 '**어엿비**'라는 말이다. '불쌍히 여겨, 긍휼히 여겨'라는 뜻이다. 어여삐 여긴다는 말은 사랑한다는 말이다. 무지한 백성을 그저 구제해 줘야 하는 아랫것들로 생각한 말이 아니다. 아프게 사랑했다는 뜻이다.

그는 왕으로서 백성의 마음이 되어 그들을 사랑했다. 학자들과 싸워가면서 권력을 유지하려는 사대부들과 으르렁거리며 백성의 편에 서서 그들을 지켰다. 백성이 그런 왕의 노고를 알든 모르든 그건 그가 상관할 바가 아니었다.

그는 왕이었고, 왕은 그래야만 한다고 생각해 한 일이었다. 그는 탐욕으로 이 일을 한 사람이 아니었다. 진정한 왕의 꿈을 꾼 왕이었다. 확신하건대 하나님이 우리나라를 사랑하신 증거 중 하나가 세종대왕이라고 믿는다.

백성의 욕망

SBS TV 방영 드라마 〈뿌리깊은 나무〉에는 명장면이 참 많다. 그중 가장 아름다운 장면으로 난 천한 노비 출신의 백성이었던 똘복이가 왕과 말다툼을 하는 장면을 꼽겠다.

사대부는 한글 창제를 두려워했다. 글의 힘을 알고 있었기에 모든 백성이 글을 알고 쓰게 된다면 그 후에 자칫 그들의 권력이 분산될까를 염려했다. 사대부의 대표 주자였던 정기준에게 세종은 이렇게 말한다. "사대부도 고려의 귀족들처럼 언젠가 썩는 날이 올 것이다. 왕의 욕망을 사대부가 통제한다고 하자. 그렇다면 사대부의 욕망은 누가 통제할 것인가. 바로 백성이다." 라고 말한다.

그러자 정기준이 답하길,

"그렇다면 백성의 욕망은 누가 통제할 것이냐. 왕인 당신은 백성을 사랑하는 게 아니라 그들이 귀찮은 것이다. 책임을 지기 싫어 사랑하는 여인에게 칼을 쥐여주는 꼴이다. 그게 여인을 사랑하는 너의 방식인가?" 라고 말한다.

그러자 왕은 거기에서 머뭇거린다. 혹 내가 백성을 귀찮아하는 것인가. 백성의 통제되지 않는 욕망을 어찌할 것인가. 그 고민에 빠져 있던 왕에게 백성인 똘복이는 이렇게 말한다.

"백성은 언제나 책임을 져 왔습니다. 제 먹을 것 먹지 못해도 세금은 꼬박꼬박 내며 나라를 책임져 온 것이 백성입니다. 글자를 알아갖고 싶은 것 한번 가져 보겠다는 데 그게 그렇게 못할 일입니까. 그로 인해 더 많은 책임을 진다 해도 우린 이미 무거운 책임을 지고 있습니다. 당신은 참 바보입니다. 하고 싶은 걸 하라고 말하는 당신이 백성을 귀찮아한다고요? 개, 돼지가 글자를 몰라 분노하고 슬퍼하는 사람 보셨습니까? **당신은 처음으로 우리를 사람으로 대한 왕입니다. 그게 사랑이 아니면 무엇입니까.** 그런 당신의 마음도 모르는 당신은 바보입니다."

세종대왕이 글자를 만들어 백성에게 읽는 재미와 생각하는 재미를 주려 했듯 하나님은 우리에게 소원할 수 있는 마음을 허락하셨다. 신의 자리까지 넘볼 수 있는 마음의 공간을 허락하신 것이다. 그것은 우리에게 주어진 마음의 밭이었다. 그런 밭이 아니었다면 어떻게 하와가 선악과를 원할 수 있었겠는가.

정기준의 말이 옳을 수 있다. 백성의 욕망을 과연 누가 통제하겠는가. 거대한 바다를 통제할 수 없는 것처럼 그런 욕망을 쥐여 준다는 건 매우 위험한 도박이다. 우리 안에 거대한 욕망을 허락하시고 그 앞에 하나님의 전부를 가져다준다는 건 어쩌면 정기준의 말처럼 무책임한 일인지도 모른다.

하지만 하나님은 기꺼이 우리에게 의지를 허락하셨다. 무엇이든 할 수 있는 의지, 뭔가를 간절히 원하는 의지. 이것이 과연 무책임한 것일까 아님, 사랑의 증표일까.

우리에게 욕망을 주고 선악과를 앞에 놔둔 건 세종대왕이 시도했던 무모함보다 더한 무모함이었다고 생각한다. 신의 언어를 알게 놔두는 것. 그것이 과연 무책임한 것이었을까. 다시 말하지만 그는 사랑을 했고, 그 사랑이 시키는 것을 했다. 이로 인해 인간이 어떠한 책임을 진다 해도 그는 사랑했기에 자신의 소원과 의지를 인간의 숨결에 불어 넣은 것이다.

그러나 그는 세종대왕처럼 유한한 생명을 지닌 존재가 아니다. 하나님은 신이다. 백성의 거대한 욕망을 말살시키지 않으면서도 동시에 책임을 질 방안을 생각하시는 분이다. 또한 신의 전적인 권한으로 일을 해결하는 방법이 아닌 신과 인간, 두 의지의 화합으로 완전함을 이끌어 낼 방안을 고안해 내셨다.

그것이 바로 꿈이고, 꿈을 믿는 믿음이었다.

성군을 믿기

세종대왕의 의도를 믿지 못하면 곧, 읽지 못하면 그를 대적하는 원수가 될 수밖에 없다.

정기준은 죽으면서까지 한글 창제를 반대했다. 왕의 의도를 믿지 못했기 때문이었다. 어쩌면 그는 왕의 의도를 읽지 못해서가 아닌 읽기 싫었던 건지도 모른다. 그들만이 가지고 있는 권력과 지식이 누군가에게 전이되는 것에 대해 몹시 불편했고, 그 나름의 논리를 만든 거였는지도 모른다. 가인이 그러했던 것처럼.

그러나 정기준과는 다르게 세종대왕의 사람들은 왕인 그가 '성군'이라는 것을 믿었던 사람들이었다. 한글 창제의 의미도, 그 일이 이뤄지기까지 어쩔 수 없이 일어나야 했던 사람들의 죽음도 모두 그가 백성을 사랑하기 때문에 일어난 일이라는 걸 믿는 이들이 왕의 옆에 서 있었던 것이다. 그들은 미래를 만들어냈고, 지금의 우리를 만들어냈다.

한류가 거대한 중국과 먼 나라들을 점령할 수 있는 지금이 존재하는 건 세종대왕의 글과 그를 믿고 함께 일했던 사람들 때문이다. 하나님도 그의 꿈이 그렇게 이뤄지길 바랐을 것이다. 그는 혼자 하실 수 있었지만 그렇게 하지 않았다.

하나님의 꿈의 본질은 인간과 함께 일을 하는 데 있다. 그래서 하나님에겐 믿음의 사람들이 필요했다. 그의 의도를 읽어주고 다 읽지는 못하더라도 최소한 그가 성군임을 믿고 끝까지 버텨주는 자들이 필요했다.

야망과 탐욕이 아닌 꿈을 그리는 진정한 믿음의 사람들에게 하나님은 그가 가진 알고리즘의 체계를 가르치셨다. 삶의 풍파와 세상의 핍박과 조롱이 있을지라도 그것을 통해 배우길 원하셨다.

하나님의 알고리즘은 그의 가슴속에 꺼지지 않는 사랑이다. 그는 자기 사람들이 사랑을 배우길, 그걸 믿어 행해주길 원했다. 하나님은 우주의 왕이시며 모든 세대의 모든 세상의 왕이시다. 그는 왕의 자리를 탐하여 앉으신 분이 아니며 뼛속까지 진정한 왕인 분이다.

왕의 어여삐 여김은 그의 백성을 향한 것이었다. 그래서 꿈을 꾸는 왕이 되기로 작정하셨다. 어떠한 고난과 아픔과 상처가 몰려온다고 할지라도 그는 백성을 어여삐 여기는 마음을 버리지 못하시고 싸우시는 왕이다.

하나님은 혼자 하지 않으셨다. 함께 꿈꾸시고 함께 일하시며 인간과 함께 동행하며 이 일을 도모하셨고 지금도 그렇게 하고 계신다. 그는 진정한 꿈의 나라를 믿음의 사람들인 꿈의 왕들을 통해 드러내길 원하셨다. 이것이 바로 하나님이라는 왕이 꾸는 꿈이었다.

4 / 왕과 같이

세상을 통치하는 자격을 갖추려면
먼저 백성의 고통을 끌어안는
지옥으로 들어가야만 한다.
_본문 中

세종대왕과 이사벨라 여왕

설민석 강사님이 어느 방송에서 했던 역사 이야기는 하나의 센세이션을 일으켰다. 그중 가장 감명 깊었던 강의의 한 부분이 떠오른다. 세종대왕과 스페인 여왕 이사벨라에 관한 것이었다.

강사님은 스페인 여왕 이사벨라에 대해 먼저 얘기를 꺼냈다. 그녀는 혜안이 있던 여자였다. 먼 시야를 가지고 미래를 그릴 줄 아는 눈이 있었다. 미래에 관한 꿈과 나라를 어떻게 하면 부강하게 할지를 꿈꾸던 여자였다. 그녀의 정책으로 미국이 세워진 아메리카 대륙이 발견됐고, 여러 경제적인 발전이 이뤄졌다.

이사벨라가 서쪽 끝에 혜안이 있는 여왕이었다면 당시 혜안이 있었던 동쪽 끝의 왕은 세종대왕이었다. 한글을 창제하고 간의대를 만들고, 장영실을 등용하는 등 넓은 혜안으로 나라를 정비했다. 그런데 두 사람은 한 시점에서 확연히 다른 길을 선택한다.

이사벨라가 지원한 콜럼버스의 대륙엔 돈벌이가 별로 없었다. 겨우 담배 정도만 얻어낼 수 있는 나라였다. 이에 그녀가 계획한 일이 바로 노예시장이었다. 노예를 팔아 나라를 부강하게 한 것이었다.

그녀의 혜안은 아프리카의 노예에겐 지옥의 미래였다. 그러나 세종대왕은 당시 가장 천한 여자 노비를 위해 한 정책을 마련한다. 길을 지나다 임신을 한 채 일을 하는 여자 노비를 보며 마음에 긍휼이 일었다.

왕은 그들을 위해 출산 휴가를 준다. 지금의 출산 휴가 정책보다 한 달이 더 많은 휴일을 제공하고 게다가 그 남편에게도 한 달의 기간을 휴가로 줬다고 한다.

민주주의를 정치적 이념으로 삼고 있는 지금 이 시대에도 그렇게 파격적인 제도는 없다고 한다. 세종대왕에게 나라의 경제가 발전하는 것보다 더 중요한 문제가 바로 백성의 안위였다. 그것이 이사벨라와 세종대왕의 극명한 차이였다.

베드로전서 2장 9절에 하나님은 우리에게 너희가 택하신 족속이며 왕 같은 제사장이라고 말씀하신다. 우리의 신분이 왕의 자리에 있다고 말씀하신다. 우리는 이 얘기를 들으면서 잠시 우쭐해진다. 우리가 왕과 같다고? 그런데 이게 좋기만 한 일일까?

〈뿌리 깊은 나무〉로 다시 돌아가보자. 똘복이는 세종대왕에게 비아냥거린다.

"성군이니 좋으시겠습니다. 당신으로 인해 우리 아버지가 죽임을 당했습니다. 그런데 당신은 지금 이렇게 잘 먹고 잘살고 있군요. 왜 사람들이 말하지 않습니까. 지금이 태평성대라고요."

"지금이 태평성대라고? 그래 말 잘했다. 왕이 태평한 태평성대를 보았느냐? 난 너를 만난 그날 이후로 너와 같이 지옥에 떨어졌다."

세종대왕은 부들부들 떨며 대답한다.

아버지 태종 대왕을 거스르고 처음 한 일이 똘복이라는 아이를 살린 것이었다. 글을 잘못 알아들어 온 집안이 쑥대밭이 되고 똘복이의 아비도 죽임을 당했다.

당시 허수아비 왕이었던 세종은 그때 백성을 위해 뭔가를 해야겠다고 결심했고, 처음 한 일이 훗날 자신을 죽이러 올 똘복이를 살리는 일이었다.

그렇다. 성군일수록 그 왕은 백성 대신에 지옥을 살아야 한다. 백성의 고통을 안고 가야할 사람이 왕이기 때문이다. 그들의 고통을 자신의 고통과 동일하게 여겨야 하기 때문이다. 노비의 고통이 곧 그의 고통이기 때문이다.

하나님이 원하시는 왕은 어떤 왕일까. 노예가 어떤 감정을 느끼든 말든 나라에 이익이 되는 일이라면 약탈해 팔아버리는 이사벨라와 같은 왕일까. 아님, 세종대왕과 같이 백성을 사랑하기 위해 스스로를 지옥에 던지는 왕일까.

하나님은 왕의 화려함을 가진 자를 꿈꾸시는 게 아니다. 왕이라는 자질 자체가 사람들의 영혼에 깊이 뿌리박혀 있기를 원하신다. 그것이 인간을 향한 꿈이다.

다윗의 탐욕

다윗은 하나님을 사랑하는 왕이었다. 그만큼 백성도 사랑했다. 그렇기에 그는 하나님과 사람들에게 사랑을 받는 왕으로 남을 수 있었다.

그런데 그의 치세 동안 하나님이 가장 분노하셨던 다윗의 죄를 성경이 기록하고 있는데, 그것은 '인구조사'였다. 그는 참으로 죄인이었다. 한 남자의 아내였던 밧세바를 뺏기 위해 남편이었던 우리아를 전쟁으로 내몰아 죽인 뒤 그녀를 차지하는 범죄자였다.

그로 인해 다윗의 집에 피바람이 불기 시작했고, 그는 아들인 압살롬에 의해 쫓겨 다니는 신세가 되어야 했다. 하지만 그조차도 인구조사에 비하면 아무것도 아니었다. 하나님이 생각하시기에 말이다.

왜 그것이 그토록 하나님에겐 악한 일이었을까. 인구조사가 무슨 대수라고 하나님은 그로 인해 노발대발 하신 걸까.

인구조사 당시 그의 나라는 꽤 안정적이었다. 주위 여러 나라가 그의 세력에 굴복했으며 감히 다윗을 대적하지 못할 만큼 이스라엘은 평안한 치세를 누렸다. 다윗은 용사였다. 골리앗을 쓰러뜨리고 검으로 그의 목을 베고 수많은 전쟁터를 누비며 사람들을 죽였던 군인이었다.

그렇게 많은 업적을 남기고도 그의 나라라고 하는 영토는 정말 조그맣기 짝이 없었다. 지금 우리나라의 강원도만 한 크기였다. 그의 머리에 그림이 그려진다. 이런저런 전략을 써서 얼마의 돈과 몇 명의 군인을 동원하면 내가 생각한 땅을 차지하고 넓힐 수 있을 것이다.

돈도 충분하다. 사람도 대충 많은 것 같다. 말도 충분하다. 그래. 전쟁을 하자. 그런데 인구가 얼마나 늘었는지 모른다. 여기서 왜 다윗이 인구조사를 했는지가 밝혀진다. 인구조사로 인해 얻을 수 있는 정보는 상당하기 때문이다. 얼마의 세금을 거둘 수 있는가. 동원 가능한 청년은 몇 명이나 되는가. 청년들이 나가서 싸울 시 나라에 남아 국력을 보강할 수 있는 사람들의 수는 얼마나 되는가.

그는 수많은 전쟁터를 누비며 이러한 전략을 생각하는 것에 대해 이골이 난 사람이다. 그런데 인구 조사를 하지 않는다면 그러한 전략조차 짤 수가 없을 것이다.

그는 자신의 땅덩어리가 너무 작은 것에 필시 답답함과 조금은 창피함을 느꼈을 것이다. 타국의 왕들이 방문했을 때 그가 보여줄 나라는 이렇게 작은 땅덩어리뿐이었다. 무시를 당하는 것 같은 느낌이다. 그들이 그렇게 말하지는 않았지만 그렇게 생각할 거라는 기분이 왠지 떨쳐지지 않는다.

다윗은 전쟁을 하기로 결심한다. 그러나 전과는 전쟁의 성격이 달랐다. 나라를 지키거나 백성을 지키기 위한 꿈이 아니었다. 나의 영토를 넓혀 영광을 얻자는 탐욕이었다. 그의 탐욕이 고개를 들기 시작했고, 그 의도를 가진 행위가 바로 인구조사였다.

하나님은 이 꼴을 보고 계시지 않았다. 다윗 안에 스멀스멀 올라오고 있는 가인과 같은 마음을 용납하지 않았다. 다른 권력자들이

가고자 하는 길을 가려는 다윗의 길을 막아서기 위해서 그분은 분노하셨다.

탐욕에 눈이 멀기 시작한 다윗은 이미 하나님의 마음에 합한 다윗이 아니었다. 그 때문에 하나님은 다윗이 밧세바를 취했을 때와 비교도 안 되는 분노를 그 땅에 쏟아부으셨다.

이때 죽은 자가 칠만 명이었다. 여기서 의문이 든다. 하나님은 왜 다윗에게만 벌하지 않으시고 백성까지 죽인 걸까. 사무엘서 24장 1절에서도 하나님은 다시 이스라엘을 향해 진노하셨다고 한다.

왜 진노하셨을까. 다윗은 전쟁에서 진 적이 없었다. 그가 지휘한 전쟁은 하나님이 함께하셨기에 늘 이겼다. 주위 나라가 그를 무서워하는 이유였다. 그렇다면 다윗의 백성들은 어떠할까. 로마의 백성을 보면 알 수 있다.

단지 그 나라의 국민이라는 이유로 우월함을 느낀다. 로마의 시민권을 가진 자가 어디를 가든 그 힘을 행사할 수 있었던 것처럼 당시 이스라엘도 그러한 마음을 느끼지 않으리란 보장이 없다. 아니, 그들은 더욱 깊은 영적인 탐욕에 사로잡혔을 것이다.

우리는 선민이다. 하나님이 통치하시고 함께 하시는 백성이다. 따라서 이방인들을 밟고 올라설 수 있는 자격이 충분히 있다고 생각하게 된다. 그래서 리더는 그 자리에 대한 무게를 알아야 하고 그것에 대해 책임을 질 각오를 해야 한다. 그의 탐욕이 백성의 탐욕을 이끌어 내며 그의 회개가 백성의 회개를 이끌어 낼 수 있기 때문이다.

이스라엘은 아주 특별한 나라였다. 하나님의 진정한 꿈을 이뤄내기 위한 기초석으로써 그 나라는 다른 나라와 달라야 했다. 이스라엘 백성 하나하나가 왕의 자질을 배워야만 했다. 그래야만 진정한 꿈을 꾸는 하나님의 꿈을 세상에 가지고 올 수 있기 때문이었다.

하나님은 다윗을 사랑하셨지만 그의 백성 또한 사랑하셨다. 다윗을 그들의 왕으로 세우신 것은 다윗만을 사랑해서가 아니었다. 그 백성을 사랑했기 때문이었다.

'우리는 하나님의 백성이요 택하신 족속이요 왕과 같은 제사장'이라고 한다(벧전 2:9).

이 모든 자격을 갖추기 위해선 하나님이 하시려는 훈련을 받아들일 자세가 되어 있어야 한다. **세상을 통치하는 자격을 갖추려면 먼저 백성의 고통을 끌어안는 지옥으로 들어가야만 한다.**

우린 둘 중 하나를 선택해야 한다. 우리가 인간인 이상 이 두 가지의 옵션은 변하지 않는다. 탐욕의 왕이 될 것인가 혹은 꿈을 꾸는 왕이 될 것인가. 왕이 되지 않겠다고? 아니, 그럴 수 없다.

왜냐면 우리의 영혼과 육체엔 이미 하나님의 자리를 넘볼 수 있을 만한 욕망이 깃들어 있다. 이는 인간이라면 누구나 기본적으로 모두 왕의 자질을 갖추고 있다는 것을 의미한다. 따라서 우리는 살면서 둘 중 하나를 골라야 한다.

탐욕의 왕이 될 것인가. 아니면 꿈으로 맞서 싸우는 왕이 될 것인가. 탐욕을 이용해 사단이 우리를 유혹하려는 이유는 우리가 왕이 될 존재들이라는 것을 알기 때문이다. 우주에 아무런 영향력을 미칠 수도 없는 존재들이라면 사단이 뭣 하러 끊임없이 유혹하려 하겠는가. 우리가 왕의 자질을 가지고 있다는 것은 변하지 않는 진리다. 피할 수 없는 숙명이라는 뜻이다. 하나님은 우리를 그렇게 만드셨고 따라서 우리가 진정한 왕으로 서 있게 하시는 것이 하나님의 꿈이다.

우리가 사랑이라는 알고리즘으로 무장한 왕이 되느냐 아니냐를 결정하는 것은 오직 우리가 살아 숨쉬고 있을 때 뿐이다.

탐욕에 굴복하는 왕과 같이 되느냐,
탐욕을 버리고 백성을 위해 꿈꾸는 왕과 같이 되느냐,
우리는 이 갈림길에 서 있는 왕과 같은 자들이다.

Chapter 3

사랑, 꿈의 기초를 세우다

1 / 하나님의 정복

> 그의 정복은 더 많은 것을 준비하고 있었고,
> 더 깊은 것을 염두해 두고 있었으며
> 역사라는 커다란 줄기 안에서
> 어떻게 적용되어야 할지를 생각해야 했다.
>
> _본문 中

이상한 하나님

13년간의 억울한 노예 생활과 감옥살이를 끝내고 난 요셉은 파라오의 꿈을 풀이한 지혜로 파라오의 다음 치리자인 총리가 된다. 이집트는 이로 인해 전쟁 한 번 하지 않고 전 세계를 정복하는 저력을 발휘한다.

이래저래 해 용서와 화해가 오간 요셉과 형들. 그들의 아버지인 야곱의 가족들 75명은 식량이 풍부한 이집트로 거주지를 옮긴다.

요셉이 죽은 이후 그들의 수는 점점 늘어나고 하나님이 아브라함에게 예언하신 대로 그들은 430년이라는 노예 생활을 지난다. 그 후 모세라는 역사적인 지도자를 따라 출애굽이라는 역사적인 사건을 경험하게 된다.

열 번의 재앙이라는 기적을 통해 이스라엘 백성들은 이집트를 빠져나오게 되고 40년의 광야 생활을 거쳐 가나안 민족이 사는 땅 곧 하나님이 약속하신 곳에 들어가 그들을 토벌하고 나라를 건설한다.

겨우 우리나라의 강원도만 한 땅을 차지한 그들은 여러 나라의 침략을 수없이도 받아내지만 어찌 됐건 여전히 그 조그만 영토는 이스라엘이다.

*

이것이 요셉 이후 지나온 대략적인 이스라엘의 역사다. 참… 이상하다.

대체 하나님은 뭐 하시는 분인가.

이 역사를 보며 웃긴다는 생각이 들었다. 우리 인간의 계산과는 전혀 맞지 않는 부분이 한둘이 아니다. 요셉은 이집트에 있으면서 어떠한 생각을 했을까. 그가 있던 감옥은 정치 감옥이었다. 정치적으로 배신을 당하거나 잘못해 감옥에 들어온 사람들의 산전수전을 듣고 봐왔던 그였다.

이집트인들의 성격이 어떤지, 어떤 방식으로 정치를 해야 하는지, 그들의 인구가 얼만지, 세금 제도가 어떻게 엉망인지, 군사력은 얼마나 되는지.

그곳보다 더 많은 정보를 공유할 수 있는 곳이 있었을까. 그는 간수의 신임을 받아 감옥 안의 모든 곳을 관리할 수 있는 위치에 있었기에 정치인들과 상당히 많은 이야기를 나눴을 것이다.

그리고 그의 조언과 지혜에 따라 수감되었다가 풀린 정치인들은 필시 밖에 나가서 요셉의 덕도 봤으리라 생각한다. 그렇지 않았다면 죄수였던 그를 총리로 선출한 왕의 결정에 토를 달았거나 음모로 그를 끌어내리려 했을 것이다.

아무리 신의 권력을 거머쥔 파라오였다지만 측근의 사람들은 그가 신이 아니라는 것쯤은 알고 있었다. 왕정 정치든 신정 정치든 정치는 정치이기 때문이다. 파라오가 신의 모습으로 군림하게 하려는 것은 다만 정치적 행보였음을 정치인들은 알았던 것이다. 그 때문에 요셉의 총리 선언은 그들의 지지력도 포함되어 있었다는 것을 의미한다.

게다가 그는 그들의 눈에 보기에도 똘똘하고 기민한 청년이었다. 그의 세금 정책은 그들이 듣기에도 매우 합리적인 방안이었다. 그를 총리로 세우는 것이 어쩌면 그들에겐 책임을 전가할 만한 정치적 도피 수단이었는지도 모른다. 그렇게 이집트인들의 성향을 간파했던 요셉이 설마 자신이 죽고 난 이후 정치적 상황이 어떻게 되리란 걸 예상하지 못했을까.

이스라엘 사람들은 요셉의 유언대로 출애굽 시 요셉의 시신을 가지고 나왔다. 즉, 요셉은 언젠가 이스라엘이 이곳에서 나가야만 한다는 걸 알고 있었다는 뜻이다(창 50:24). 그게 언제가 될지는 몰랐지만 말이다.

왜 그랬을까. 하나님의 약속도 약속이지만 그는 정치적으로 이스라엘이 겪어야 할 일을 예상하였으리라 짐작한다. 만약, 이스라엘인들의 인구가 증가하면 이집트인들은 그들을 경계하게 될 것이며 그 경계가 이집트인들을 불안하게 할 것이며 그렇게 되면 이스라엘은 이집트인들의 단호한 조치를 호되게 경험하게 될 것을 알았다.

그도 노예라는 직분을 가져봤던 사람이었기 때문이었다. 어쨌든 군사력을 가지고 있던 쪽은 이집트지 이스라엘이 아니었다. 요셉은 그런 정치적 미래를 누구보다도 점치고 있었지만 가족들의 생계를 위해선 하는 수 없었다. 7년의 가뭄을 견디기 위해선 이집트라는 땅이 반드시 필요했다.

하지만 아무리 똑똑한 그도 미래를 완전히 알 수 없는 법. 이스라엘이 그 지경이 되기 전에 이스라엘 사람들이 일찍 떠나길 바랐지만 그는 죽었고, 그 이후 요셉을 알지 못하는 왕들이 통치하는 시대가 도래한다. 요셉은 오래전 이야기에 불과했고 따라서 이집트인들에게 이스라엘은 골칫거리였다. 이집트인들은 이스라엘이라는 세력을 누르기 위해 고된 핍박을 가한다.

노예의 삶 430년. 그 와중에 모세라는 지도자가 나타난다. 그리고 그는 여호와라는 이름으로 엄청난 기적을 펼치기 시작했다. 열 가지의 믿을 수 없는 재앙이 이집트 전역에 퍼졌다. 이스라엘은 드디어 이집트인들의 군사력을 능가할 힘을 발견한 것이다.

그리고 그들은 하나님의 뜻에 따라 이집트를 빠져나온다.

여기서 잠깐. 이상하지 않은가? 이스라엘은 왜 그곳에서 나온 것일까. 하나님은 왜 그곳에서 나오라고 한 것일까? 이스라엘 백성이 이집트인들 앞에 430년이나 굴복한 것은 이스라엘 사람들에게 군사적인 힘이 없었기 때문이었다. 하지만 이제 얘기가 다르다.

이스라엘에는 그들을 이길 만한 군사력이 생겼고, 누구보다도 하나님이 더 잘 아신다. 설사 그들이 노예의 습성 때문에 이집트인들을 어찌하지 못한다고 해도 하나님이 나서서 싸우시면 된다.

꼭 그렇지 않더라도 그야말로 풍비박산이 난 이집트는 망연자실한 상태였고 이스라엘이 으악 소리 한 번만 질러도 그 땅을 정복할 수 있었다.

'그들을 무찔렀으니, 혹은 내가 함께 할 테니 너희는 이 나라에 숟가락만 얹어라' 라고 말씀하시면 될 일 아닌가. 왕을 죽이고 귀족의 세력들을 죽이고 사기 다 떨어진 군인들 싹 다 죽여 버리고 그들이 그 나라를 차지하면 되는 것이다.

자그마치 430년 동안 자신들을 괴롭혔던 이집트인들에게 톡톡히 복수할 수 있는 시나리오가 생긴 것이다. 수십만이라는 인력으로 건설하지 못할 게 뭐가 있는가. 뚝딱뚝딱 무너진 궁궐을 보수하고 무너진 수로를 다시 건설한 뒤 이스라엘이라고 명함을 파서 그곳에 달면 그만이다.

게다가 모세라는 총명한 지도자는 한때 이집트에서 왕자로 살았던 사람이었다. 정치, 경제, 산업 등등 그는 이집트라는 땅을 어떻게 운영할 수 있는지를 아는 인재였다.

그가 왕이 되어 이스라엘 백성을 데리고 통치만 하면 될 일이었다. 로마가 그리스가 페르시아 제국이 그러했다. 그들은 정복하면 피정복인들을 자신의 발밑에 놔두고 그들을 통치할 지도자를 보내 그 나라가 자신들의 것임을 선포한다. 폐허가 된 나라의 백성을 압제할 수 있는 군사들과 모사들을 배치하는 것이다. 이것이 합리적인 정복 방법이고 정복에 능한 모든 나라가 그렇게 했다.

그 나라를 파괴한 뒤 그것도 자신들의 뒤를 쫓아 올 수 있는 군사력까지 놔두고 나가는 멍청한 짓은 하지 않았다. 굳이 왜, 그 어마어마한 수의 이스라엘인들은 광야로 나가야 했느냐 말이다.

결국 이집트를 빠져나간 이스라엘을 보고 바로는 바로 계산에 들어간다. 이스라엘은 마치 걷기 힘든 뚱뚱한 소와 같았다. 어린 아이들, 여자들, 노인들, 아픈 사람들이 걸어봐야 얼마나 빨리 걷겠는가.

만약 제갈공명이 이집트에 있었다면 이때 그들의 뒤를 빠르게 쫓아가서 치면 이스라엘은 속수무책이라는 것을 계산하고 바로와 같이 행동했을 것이다. 바로도 그런 계산쯤은 할 수 있는 사람이었다. 따라서 그들이 멍청하게도 남기고 간 군사력을 이끌고 복수의 기회를 잡는다.

하나님의 정복은 정말 답답하기 짝이 없었다. 이미 있는 넓은 땅덩어리를 놔두고 왜 멀고 좁기까지 한 곳을 향해 40년을 갔느냐 말이다. 어쨌든 열 가지 재앙에도 정신 못 차린 바로는 남아있던 군사를 이끌고 그 유명한 홍해전을 치른다. 전쟁이랄 것도 없다. 그 군사들은 그저 붉은 대양이 꿀꺽 맛있게도 삼킨 작은 먹이에 불과했다. 스펙터클한 역사적인 사건이고 누구나 입이 쩍 벌어질 믿을 수 없는 일이긴 하지만 왜 굳이 이렇게 이겨야 했는지 알 수 없는 노릇이다.

그래서 그 후에 사흘이면 갈 수 있는 길을 40년이나 갔다고? 웬 황당한 처사인가. 그렇게 고생고생해서 나왔으면 빨리 빨리 가서 정복이나 할 일이지 하나님은 그들을 멀리도 돌게 하셨다.

만약 다른 나라의 지도자가 그런 걸 명령했다간 당장에 돌로 쳐 죽이고 다른 사람을 세웠을 것이다. 40년 동안 이집트에서 출생했던 모든 사람은 다 광야에서 죽었다. 여호수아와 갈렙을 제외한 이집트 태생 이스라엘 사람들이 말이다. 심지어 모세까지도.

광야에서 태어나 자란 사람들만 지금의 이스라엘에 들어갈 수 있었다. 자, 그건 그렇다 치고. 이제 가나안 땅이다. 드디어 그들이 기다리고 고대하던 땅을 향해 정복 작전을 펼친다. 그런데 하나님의 명령이 또 이상하다. 그곳에 있는 주민들을 싹 다 죽이란다. 호흡이 있는 자는 한 명도 살려두지 말란다.

무슨 하나님이 이렇게 인정머리가 없냐는 생각이 들겠지만 난 그걸 떠나 비합리적이라는 생각이 먼저 들었다. 거기에 만약 이사벨라 여왕이 있었다면 어떻게 했겠는가. 백 퍼센트 장담하는데 그녀는 그 물건(?)들을 가만 놔두지 않았을 것이다. 정복당한 사람들을 반드시 노예로 팔거나 써먹었을 것이다.

이집트에서 살았던 사람들이라면 노예가 얼마나 쓸 만한 물건이었는지 알았을 것이다. 사람들은 참 이상한 습성을 가지고 있다. 당한 대로 갚는다고 했나.

구박당한 시어머니는 그렇게 눈물을 흘리는 삶을 살았음에도 불구하고 며느리가 들어오면 똑같이 구박한다. 며느리와 시어머니가 역사적으로 화해가 힘든 이유다.

잠깐 빗나간 얘기지만 시어머니는 나에게 참 잘 해주신다. 어머님의 시어머님도 나에게 해주신 것만큼은 아니었어도 어머님을 사랑해주셨다고 한다. 나에게 잘해주시는 많은 이유가 있지만 그중 하나가 어머님도 사랑을 받았기 때문이라고 생각한다.

사랑도 받아본 사람이 하고 구박도 받아본 사람이 한다. 어쩌면 그들이 광야에서 죽었던 이유는 그들이 해준 대로 되돌려 줄까 하는 하나님의 염려 때문이 아닌가 하는 생각이 든다. 만약 하나님이 그들만의 하나님이었다면 그들의 백성에게 유리한 이윤들에 대해 얘기했을 것이다.

"그들은 돈이다. 국력을 키우려면 인력이 최고야. 그들을 살려두고 부려먹어라. 그럼 너희 자녀들은 덜 고생해도 돼."

그런데 하나님은 그렇게 하라고 말씀하지 않았다. 왕은 물론 남자든 여자든 가리지 않고 호흡이 있는 모든 사람은 죽이라고 하는 것이 하나님의 가장 중요한 명령 중 하나였다. 여기까지도 하나님의 정복은 사람이 생각하는 이치에 맞지 않는 일들로 가득하다.

그런데 그다음은 더 이상하다. 그들이 차지한 땅이 겨우 우리나라 강원도 정도 크기라니. 우습지 않은가. 이집트라는 세계 강대국을 그렇게 쓸어버리고 겨우 코딱지 만한 땅을 차지하라고 했다고? 그런데 그게 하나님의 뜻이라고?

도대체가 어느 한 부분도 세상에서 정복을 이루려는 인간의 뜻과 겹치는 구석이 없다. 어떤 부분에선 멍청해 보이기까지 한다.

하나님의 정복은 불합리하고 불편하며 도무지 이해가 안 가는 것 투성이다. 하나님을 전적으로 믿지 않고는 아니, 그 분이 성군이라는 됨됨이와 자질을 믿지 않고서는 따르지 못할 꿈의 길이다.

우리의 삶에서도 하나님의 꿈은 우리를 향해 세상을 정복하라고 말한다. 그리고 그 앞에 황당한 승리와 황당한 광야와 황당한 결말을 떡 하니 가져다 놓으신다. 우리는 어떻게 반응해야 하는가.

솔로몬의 고뇌

난 솔로몬이 말년에 이르러 방탕했던 이유를 알 수 있을 것만 같다. 이방 여인들에게 빠져 부어라 마셔라 했던 이유를 말이다. 전무후무한 지혜를 가지고도 세상을 정복하지 말라는 하나님의 뜻은 울화통이 날 지경이었을 것이다.

대체 그럼 왜 나에게 이런 지혜를 허락한 거지? 나에게 날개를 달아놓고선 나더러 날지 말라고? 지금 장난하십니까? 그의 신비로운 머리 안엔 전 세계를 어떻게 하면 그의 영토로 만들 수 있을지에 대한 시나리오가 이미 그려져 있었을 것이다.

한해 들어오는 세금만 금 666달란트였다. 금으로 쳐서 만든 방패가 600개였고, 솔로몬의 치세 땐 은이 하찮은 것이라고 할 만큼 그 조그만 나라가 가진 재력은 어마어마했다. 그 재력과 군사력과 솔로몬의 지혜.

전쟁하기엔 완벽한 조건이었다. 영토를 확장하고 다른 나라를 무너뜨리는 데 그만한 것이 있을까. 수많은 이방여인을 그의 첩으로 둔 건 그의 정치적인 계략이었다. 그녀들 한 번만 스캔해도 그녀들의 나라에서 일어나고 있는 정치적 상황과 그 민족의 성향이 솔로몬의 눈에 읽혔을 것이다. 그녀들은 일종의 볼모였고, 정치적 책략이었으며 보증이었다.

그가 보낸 스파이들의 활약으로 정치적 경제적 상황을 실시간으로 보고 받았을 것이다. 그의 머리는 능히 당할 자가 없고, 솔로몬이 주먹 한 번만 움켜쥐면 알렉산더보다 더 빨리 지구를 정복했을 것이다. 그런데 그는 하지 않았다. 아니, 못했다.

난 그랬을 거라 확신한다. 그는 하나님이 어떤 분인지 알고 있었다.

아버지 다윗의 인구조사 재앙이 무엇 때문이었는지를 누구보다 잘 알고 있었을 것이다. 만약 손가락이라도 까딱했다간 칠만 명이 아니라 전 인구가 죽을 수도 있다는 걸 알았다. 자신의 나라가 가진 역사를 보며 그는 하나님의 의중을 파악했을 것이다.

출애굽, 광야, 그리고 가나안 정복에 이르기까지 하나님은 그 무엇 하나 인간이 생각하는 좋은 것은 하나도 취한 적이 없고 나라의 경계도 너무나 명확히 단에서 브엘세바까지만이었다.

왜 그렇게까지 하시는지에 대해선 알 수 없었을 것이다. 왜냐면 그것은 아주 중대한 비밀이었으니까. 하나님이 그 비밀에 대해 가르쳐 주시진 않았어도 솔로몬은 최소한 하나님이 절대 영토 확장이나 세계 정복 같은 건 꿈도 꾸지 말라는 으름장을 놓고 계심을 알고 있었다. 그리고 그는 하나님을 이길지도 모른다는 생각을 하는 멍청이가 아니었다.

이스라엘 백성이 가나안 땅에 정착한 이래 하나님은 그 영토 외 다른 땅의 정복을 허락하신 적이 없었다. 다만 침략해 오는 적들을 섬멸하는 것 외엔 그 조그만 땅덩어리를 넓히는 일을 결코 용납하지 않은 것이다. 솔로몬은 결국 손가락을 까딱하지 않았다. 이미 보이는 시나리오에 목숨 걸고 싶지 않았다. 거기에서 오는 답답함은 엄청난 고난이었을 것이다.

날개가 있는 자가 날지 못하는 고통. 어마어마한 힘을 가지고 있는데 쓰지 못하고 잠자코 있어야 하는 고통. 슈퍼맨이 건달들 앞에서 참아야 할 때의 답답함 같은 그런. 솔로몬은 이렇게 말했다.

"모든 것이 다 헛되고 헛되다."

고구려가 자랑스러운 이유는 그만한 영토를 확장했기 때문이었다. 페르시아, 로마, 알렉산더, 징기스칸. 그들이 위대하다고 하는 이유는 영토를 확장했던 역사가 있기 때문이었다. 하지만 하나님은 이스라엘로 하여금 그런 영광을 누리게 하지 않으셨다. 해안가의 작은 나라로 만족하게 하셨다. 하나님의 거대한 영광과 힘이 있었음에도 불구하고 말이다.

하나님이 가나안의 민족을 이스라엘로 하여금 토벌하게 하신 건 영토에 욕심이 있어서도 그의 힘을 과시하기 위해서도 잔인해서도 아니었다. 만약 그걸 목적으로 할 것이었다면 위에 나열된 하나님의 정복 방법은 한심하기 짝이 없다. 그리고 다윗과 솔로몬에게 영토 확장은 꿈도 꾸지 말라는 엄포도 놓지도 않았을 것이다.

그의 정복은 인간의 생각과 달랐다. 그의 정복은 더 많은 것을 준비하고 있었고, 더 깊은 것을 염두해 두고 있었으며 역사라는 커다란 줄기 안에서 어떻게 적용되어야 할지를 생각해야 했다. 이것이 우리의 생각과 하나님의 생각이 다르기가 하늘과 땅 차이인 이유다.

하나님의 알고리즘은 영토 확장도 노예를 부리는 것도 정복이라고 정의하지 않았다. 그가 탄생시킨 정복의 방법은 어리석고 우둔해 보였다. 하지만 누가 알았겠는가. 그 방법은 상상 이상으로 엄청난 일을 이루게 될 것을 말이다.

우리 안에서 일어나는 하나님의 정복은 하나님이 꿈이 마침내 모든 세상을 정복하기 위해 하셔야 했던 기초 작업이었다. 솔로몬도 모를 일이었다.

2 / 응답하라 인간이여

삼십 년 전에도 백 년 전에도 몇 천 년 전에도
인간만이 할 수 있는 사랑이나 우정은
인간에게 '따위'가 될 수 없다.
이 시대는 덕선이를 배워야 한다.

_본문 中

마녀의 신화

과학의 발달. 시대의 패러다임을 뒤엎어 버린 현상 중 하나다. 오래전엔 상상도 못 했던 일을 과학은 해내고 있다. 인간의 신체에서 일어나는 일의 원인을 알아내기도 하고 우주에서 일어나는 현상을 더 자세히 볼 수도 있게 했다. 일 년 전의 과학이 오늘과 다르고 오 년 후의 과학은 더 다를 것이다.

과학자들은 그럼에도 이렇게 말한다. 인간이 과학으로 발견한 우주는 모래사장에서 발견한 바늘과 같다고. 또 그럼에도 확신적으로 말한다. 과학적 발견에 의하면 인간의 자유의지니 생각이니 영혼이니 이런 건 다 화학적 반응이 만들어내는 현상일 뿐이라고 말이다.

어쩌면 아직은 밝혀지지 않은 물리적 현상이라고도 주장한다. 이 현상의 실체를 겨우 바늘 정도만 들여다봤다고 얘기하면서도 그건 확실한 거라고 말한다. 사랑도 우정도 영원한 소망 같은 것도 헛된 환상이며 다만 뉴런의 자극에 의한 감정에 불과하다는 주장을 펼치기도 한다.

종교의 신화적 메시지를 믿는 것 또한 인간의 감정적 반응이며 일종의 우울감이나 절망감에서 해방되기 위한 발상이라고도 한다. 물론 모든 과학자가 이렇게 말하는 건 아니다. 하지만 이 세대가 이런 추론을 믿기 시작했다는 것은 나만 느끼는 게 아닐거라 생각한다.

인간의 신체 안에 흐물흐물한 장기들 밖에 없다는 것을 발견한 것이 정말 그 안에 더 이상 보이지 않는 세계가 있을 수 없다는 걸 증명하는 걸까. 우주는 공허한 별들의 먼지만 가득할 뿐 지옥이나 천국 같은 것은 없다고 하는 그들의 말이 맞는 걸까.

*

소설 〈나니아 연대기〉의 한 장면이 떠오른다.

'은의자(silver chair)' 편에서 나니아의 왕자는 지하세계의 마녀에게 납치 된다. 그를 구하기 위해 한 때 나니아의 왕과 여왕이었던 유스티스(Eustace)와 질(Jill)은 친구들과 함께 왕자를 구출하기 위해 지하세계로 간다.

드디어 왕자를 만나지만 왕자는 그들과 함께 지하세계를 벗어나려 하지 않는다. 나니아는 모두 지하세계의 인간이 생각한 허구의 세계일 뿐이라는 마녀의 말을 믿었기 때문이었다.

나니아의 통치자인 아슬란이란 사자는 사실 고양이를 보고 상상한 것에 불과하고 나니아의 찬란한 빛은 지하세계의 희미한 등불을 비유해 상상한 것이라고 믿는다.

우리가 살아야 할 곳은 이곳 흐릿한 불빛만이 거리를 비추는 지하 세계뿐이라며 왕자는 나가려 하지 않는다. 하지만 유스티스와 질 그리고 그와 함께 갔던 허수아비가 겨우 그를 설득하고 마침내 걸음을 떼려고 할 때였다.

마녀가 나타나 이상한 연기를 태우며 주문을 외운다. 그 주문은 강력했다. 그들의 머리에서 나니아에 대한 의심이 들기 시작한 것이다. 정말 아슬란이라는 사자는 없는 것일까.

나니아는 단지 우리의 마음이 편하다는 것을 믿기 위한 장치에 불과한 것 일까. 그 나라에 있다는 찬란한 빛을 맛보는 희망을 품는 건 미련한 일일까. 그러다 지혜로운 허수아비가 외치기 시작한다.

"그래, 거짓말일 수도 있지. 만약 마녀의 말이 사실이라고 해도 난 차라리 내가 믿는 거짓말 속에서 살겠어. 이렇게 사나 저렇게 사나 그 사실이 변하지 않을 거라면 거짓말이 주는 희망에서 사는 게 더 낫지 않을까."

과학이 주장하는 논리들을 살펴보면 정말 우리가 천국을 믿고 있는 것이 착각일지도 모른다는 생각이 들기도 한다. 우리는 우주에 외로운 존재들이며 먼지 같은 인생이 끝나면 아무것도 없다는 결론이 정말인 것만 같다. 하도 정밀한 논리로 주장을 해서 신이란 건 우리가 상상해 낸 허구일 뿐이라는 생각이 들기도 한다.

그런데 만약 그게 진리라면 왜 셀 수도 없는 돈을 가진 재벌이 자살할까. 생존경쟁의 법칙에서 살아남아 최고의 위치가 되었으면 잘 살아야 할 것 아닌가.

인간이 숨을 쉬는 삶을 벗어난 후 아무것도 없다는 게 정말 진리라면 왜 잘 먹고 잘살 수 있을 만한 물질이 있는 사람이 거식증을 일으키고 세상을 비관하느냐 말이다. 그럴 수밖에 없는 게 인간이라고? 그렇게 살다 죽는 게 자기 팔자라는 마녀의 말을 믿으며 살라고? 정말 그렇다면 차라리 일찌감치 죽어야 하지만 인간은 이상하게도 더 살고 싶어 안달이다.

당신은 이 세상 사람 중에 고통이 없이 사는 사람들을 본 적이 있는가. 그 고통이 아무런 이유도 없이 그저 그렇게 일어나는 일이라는 말을 듣고 기쁘고 행복하게 살 사람은 아무도 없다.

과학이라는 눈으로 보는 세상이 이전의 세상을 보는 눈과 많이 달라진 것이 사실이다. 신이 운영하는 세상에 대해 인간이 아는 지식은 매우 희박할 정도였던 오래전에 비하면 지금은 인간이 신이 된다고 착각해도 될 만큼 아는 것이 많아졌다.

지구는 어떻게 돌아가는지, 지구의 구성이 어떻게 되는지, 별은 얼마만큼 떨어져 있으며 태양의 온도가 몇 도이고 달의 크기와 중력이 어느 정도가 되는지도 아는 세상이 되어버렸다. 사람들은 걸어 다니면서도 멀리 떨어진 누군가와 이야기를 할 수 있고, 우리 인체에서 일어나는 수많은 병을 발견해 치료하기도 한다.

예전엔 신밖에 할 수 없다고 여겼던 많은 일이 인간의 발견과 지식에 의해 실제로 이뤄지고 성취되고 있다. 그래서 언제부턴가 세상의 사람들은 이제 더 이상 신이 필요하지 않다는 생각을 향해 가고 있다. 아니, 인간은 신으로 진화할 수 있는 것처럼 보이고 그런 주장을 하는 사람은 더 늘어나는 추세다.

그리고 그것은 아예 불가능한 것처럼 보이지도 않게 되었다. 신은 대신하는 것이 아니라 아예 처음부터 없던 거라는 결론을 내리기도 한다. 그 때문에 혹자는 아담과 이브로 하여금 선악과를 먹게 했던 자유의지에 대해 반감을 가진다.

자유의지라는 개념 자체가 신의 개입에 대한 논증을 수없이 뒷받침해주고 있기 때문이다. 선택에 따른 결과를 책임진다는 우주론적인 생각은 신이라는 완전무결한 양심의 존재가 있어야 하기 때문이다. 그 선택이 옳은지 그른지에 따라 사람은 형벌을 받을 수도 상을 받을 수도 있다. 그리고 이런 일이 일어나기 위해선 그것을 정확하게 판단할 수 있는 절대 선이 필요하다. 그렇다면 다윈의 진화론도 그 앞에 힘을 잃게 된다.

진화론은 양심이란 단지 자연발생적인 선택과 반복으로 일어난 육체적인 일일 뿐이며 우리가 옳다 그르다 판단하는 것도 오로지 육체의 현상에서만 일어나는 일임을 역설하기 때문이다.

자유의지라는 건 결국 진화된 뉴런의 자극에서 일어나는 현상일 뿐이라고 주장하기 때문이다. 이 논리는 내가 누군가를 칼로 찔러도 그것은 진화를 위한 일련의 과정이니 책임을 지지 않아도 된다는 말을 서슴없이 할 수 있게 만든다.

신만이 가질 수 있다고 믿었던 권력을 인간이 가질 수 있음을 주장한다. 그리고 실제론 신의 권력이라는 것도 지하세계의 마녀처럼 우리가 상상해낸 그럴듯한 감정적인 허상임을 이야기한다.

꼭대기의 신

그런데 이 논리엔 참 슬픈 논리가 하나 더 들어있다. 그렇다면 신적인 권력을 가질 수 있거나 가져야만 할 인간은 다른 누구보다 더 뛰어난 특별한 능력의 인간들만 소유할 수 있다는 점이다.

진화론에 의하면 생존에 적합한 종은 생존경쟁에서 살아남게 되고 부적합한 종은 멸종한다고 주장한다. 그렇다면 우월한 능력을 가진 사람이 열등한(열등하다고 생각되는) 사람을 차별해도 별 문제가 없다는 논리가 성립된다. 따라서 열등한 이들이 우월한 자들에게 받는 차별적 행위는 정당하고 마땅한 것이어야 한다. 진화론이 인간의 창조에 전적으로 관여해야 했다면 말이다.

그들은 화장실을 청소하는 청소부나 과학적인 언어를 이해하지 못하는 사람들의 멍청함은 인류가 신이 되는 데 있어 쓸데없는 요소일 뿐이라고 생각할 수 있다. 진화하는 데 있어 제거해야 할 귀찮은 장애물들인 것이다.

인간에 의해 가학적으로 가해지는 동물의 고통이나 멍청한 인간이 더 높은 지능의 사람들로부터 느끼는 고통은 자유의지와는 상관없이 일어나는 일이기에 그들이 그런 가학적인 일을 가해도 무방하다는 논리가 그 안에선 가능하다.

그러면서도 이상하게 지금의 시대는 인간의 평등을 주장하고 있다. 그런데 그 평등이라는 개념이 좀 이상하다. 남과 여, 성 소수자들에 대한 평등은 주장하지만 **있고 없음의 평등은** 달가워하지 **않는다.**

능력이 더 많은 사람들 -이것은 인간 자체가 가지고 있는 능력뿐 아니라 그들이 가진 수저가 무슨 색인지도 포함된다. 왜냐면 진화의 세계에서 능력이란 더 강한 힘을 보유해 살아남는 걸 뜻하기 때문이다- 이 보상 받아야 하고 그렇지 않은 자들은 도태되는 것이 당연하다는 논리가 사회에 적용된다.

생존경쟁의 법칙을 따라 진화는 강해서 살아남은 자들의 것이다. 약함은 그들의 결함이고 그로 인해 발생하는 결과는 어쩔 수 없다는 것이다.

결국 자유의지도 진화된 뉴런에서 일어나는 자극 때문에 일어나는 일이고 진화론적으로 이 세상이 돌아가기 때문에 강한 자의 행동의 원인은 진화에 의한 발상이지 자유의지 때문이 아니라고 말 할 수 있다는 것이다. 따라서 책임져야 할 일도 사라진다.

살인도 강간도 인간의 양심이 말하는 악한 일들도 결국 화학적 반응의 현상일 뿐이며 자유의지가 적용되지 않는 인간에겐 아무런 도의적 책임이 없다고 주장한다. 단지 이 모든 현상은 인류가 신으로 진화하기 위한 단계일 뿐이며 진화하기 위해선 덜 진화된 인간에 대한 존엄성은 무시해도 괜찮다는 말을 할 수 있게 만든다.

남자도 여자도 성 소수자들도 만약 이런 체계 안에서 움직인다면 그들의 성별이 어떻든 간에 그들은 능력의 유무에 따라 결국 똑같이 차별을 받아야 한다는 논리가 성립된다.

법체계는 단지 더 진화된 인간들이 덜 진화된 인간들을 통제하기 위한 도구로만 쓸모가 있을 것이다. 인류의 사회라는 시스템을 망치지 않기 위한 장치일 뿐 인간 자체의 존엄성을 지키기 위해서 사용되는 것이 아닐 수밖에 없다.

하지만 그들은 지혜롭게도 이런 식으로 말하지 않는다. 인간의 신격화라는 거창한 말로 그 뒤에 가려진 어둠들-생존경쟁, 진화된 자들의 우위 같은 것들을 포장한다. 결국 탑의 꼭대기에 설 사람은 단 한 명, 가장 많이 진화된 인간이다. 그를 위해서는 나머지의 덜 진화된 사람들은 인간 이하의 취급을 받아도 상관이 없다는 논리가 성립되는 것이다.

글쎄… 믿고 싶지 않을 것 같다. 내가 만약 기준에 미치지 못하는 능력을 갖추고 있는 인간이라면 어떻게 되겠는가. 또 만약 내가 그런 신이 된다면 어떨까. 그런 신은 자신보다 열등한 존재에 대해 자비도 없고 용서도 없고 품어줄 마음도 없을 것이다. 그런 신은 참으로 외로운 신이 될 것이다.

이런 사상을 가지고 움직인 대표적 인물이 히틀러다. 우리는 그를 비난하지만 지금의 시대는 저도 모르게 그런 사상을 슬며시 밑바닥에 깔아놓고 있는 것 같다.

덕선이의 가르침

난 80년대의 아날로그 시대와 2000년 이후 들어온 디지털 시대를 거쳐 온 사람이다. tvN에서 방영되었던 〈응답하라〉 시리즈를 보면서 새록새록 옛 추억이 생각나 슬며시 웃음 지었다.

우리나라에 선풍적인 인기를 몰고 온 〈응답하라〉 시리즈는 시즌마다 화제성을 몰고 왔다. 주인공들뿐 아니라 조연 단역들까지 인기 반열에 오를 만큼 엄청난 인기 몰이를 했다. 그 드라마를 가만히 들여다보면 공통분모가 존재한다. 그들은 우리 시대의 특별한 사람들이 아니라는 점이다.

그들은 재벌도 아니고 아이큐가 200인 사람들도 아니며 유난히 성공한 사람들도 아니다. 평범하기만 하면 괜찮은데 1988년의 덕선이는 전교 학생들 중 989등이다. 치타 여사는 전국 노래 자랑 예선 때 계란 장수의 테이프와 바뀌어 "계란이 왔어요~" 하는 멘트와 함께 춤을 춰야 했다.

정봉이는 매일 게임에 빠지거나 우표 모으는 것에 빠져있다. 천재 바둑 기사인 최택은 밖에서는 신의 반열이지만 동네에선 등신이다. 그들은 스마트폰도 없었고, 가스레인지도 돈 있는 집에서나 썼고, 연탄으로 방을 따뜻하게 했으며, 뜨거운 물로 샤워를 하는 것조차 신기하고 감사한 일이었다.

어렸을 때가 생각난다. 그땐 엄마가 집에 계시지 않아도 당연하다는 듯 이웃집에 가서 놀곤 했다. 옆집 건넛집 아주머니들은 나에게 맛있는 걸 해주셨다. 아주머니의 아이들도 우리 집에 놀러 오면 엄마는 똑같이 해줬다.

누가 공부를 잘하고 못하고, 내가 누구보다 더 부자고 가난하고는 분명히 있었지만, 그것이 우리들에게 죽을 정도의 스트레스를 줄 만큼은 아니었다. 때론 선생님에게 혼이 나도 우린 그분들을 선생님으로 대할 줄 알았다. 그분들이 매를 들고 쫓아와 내 허벅지를 멍들이거나 종아리에 상처가 나도 고개를 숙이며 인사하는 것이 당연했다.

인공지능이나 핸드폰은 없었지만 사랑이 있었고, 존경이 있었고, 우정은 깊었다. 서로를 사랑했고, 믿었다. 그에 따른 희생은 희생이 아니라 정이었다. 더 똑똑한 사람이 덜 똑똑한 사람을 품을 줄 아는 시대였다.

그런데 요즘은 확실히 나의 어린 시절과는 많이 다른 것 같다. 최소한 아날로그와 디지털을 모두 경험한 사람이라면 그렇게 느낄 것이다. 이웃이 이웃을 믿지 못하고 자식과 부모가 반목한다. 자식은 부모가 지겹고 부모는 자식에게 투자한 만큼 얻어내지 못해 억울하다.

나보다 일등 앞선 친구가 공부하면 난 더 많이 공부해야 한다. 그 아이가 나보다 더 많이 공부하지 못하게 하려고 속이기도 한다. 성적표를 집에 가지고 가면 엄마는 핀잔을 준다. 네 친구보다 성적이 더 떨어지면 어떡하냐고 말하며 혼을 낸다.

요즘은 교회에 중고등부가 없거나 희박하다고 한다. 수만 명이 출석하는 교회에 중고등부는 100여 명에 불과하다. 교회를 다니는 부모님들조차 대학교에 들어가면 그때 교회를 다니라고 한단다. 공부해야 하기 때문에 친구와 어디를 놀러 가는 것은 물론이고 예배도 드리지 말란다.

그뿐 아니다. 이 세상이 강조하고 있는 알고리즘에 교회도 장단을 맞추고 있다. 하나님께 뭘 드려야 받을 수 있다는 사상은 하나님의 알고리즘이 아니다. 다시 한번 강조하지만 하나님은 결코 생존경쟁을 위해 인간을 만드신 것이 아니다.

만일 그런 하나님이었다면 지금 진화론을 주장하는 사람들의 논리와 다를 것이 없다. 더 많이 드리는 자가 더 많은 축복을 받을 거라면 더 많은 능력이 있는 사람이 더 많은 축복을 받았을 것이다.

만약 하나님이 이 논리를 따르셨다면 왜 로마가 아닌 이스라엘을 그의 도구로 사용하겠는가. 왜 그들의 땅을 우리나라 강원도만 한 크기로만 만들었는가. 왜 그가 세우신 왕을 통해 이스라엘의 땅을 더 큰 영토로 확장하고 이방의 정권을 무너뜨리는 일을 하지 않았는가.

인간이 만들어 낼 수 있는 가장 아름다운 가치들은 점점 사라지고 있다. 과학은 발달해서 우리의 몸은 편안해졌을지는 모르지만 우리의 정신은 그 어느 때보다도 피폐하고 외롭다. 옛것이라고 말하는 가치들은 비단 〈응답하라〉에 나오는 추억도 아니고 옛날이야기에만 머물던 구식 코드도 오래 전 신화에나 나오는 이야기도 아니다.

삼십 년 전에도 백 년 전에도 몇 천 년 전에도 인간만이 할 수 있는 사랑이나 우정은 인간에게 '따위'가 될 수 없다. 자유의지를 가지고 있는 한 사람의 손은 재벌이나 거지나 동일하다. 그 손으로 마음에서 원하는 것을 할 수 있다.

누군가를 사랑하거나 아낄 수 있고, 누군가를 위해 희생을 할 수도 있다. 또는 누군가를 죽이거나 아프게 할 수도 있다. 덕선이는 특별히 공부를 잘하지도 못하고 그렇다고 특출난 재능이 있는 것도 아니다. 심지어 자신이 원하는 것이 있다거나 꿈도 제대로 꾼 적이 없지만 그렇다고 해서 도태되어야 할 사람은 아니다. 반대로 이 시대는 덕선이를 배워야 한다. 공부를 잘하는 선우도 특별히 하고 싶은 것이 없었다. 하지만 선우도 덕선이도 누군가의 꿈을 이뤄줄 수 있는 따뜻한 희생을 할 수 있을 만큼의 마음의 크기를 가졌다. 진화가 더 많이 되어 보이는 선우든 덜 되어 보이는 덕선이든 그들은 사랑스러운 존재들이며 둘은 똑같이 자유의지를 가지고 각각 다른 선택을 할 수 있는 존재다.

자유의지가 단지 뉴런에서 일어나는 일이라고 주장하는 사람들의 말처럼 인간이 선택한 그 어떤 것에도 의미가 없다면 사랑에도 의미가 없다. 진화를 위해서만 돌아가는 세상이 말하는 것을 보자.

학교에서 최고가 되어야 하고, 사회에선 돈을 제일 많이 벌어야 하고, 최고의 명예를 가져야만 하고, 그 누구보다도 높은 신이 되어야 한다는 이 사상은 과학뿐 아니라 발전된 문화를 생존경쟁이라는 알고리즘에 적용한 결과다.

어느새 올라가는 것 외엔 관심이 없는 불쌍한 애벌레들이 가득해져 버린 것이다. 꿈이 아닌 탐욕 그 자체를 위해 사는 세상은 무엇을 잃어버리고 있는지도 모른 채 지쳐가고 있다.

난 이사벨라 여왕보다 세종대왕이 세상을 다스리는 게 더 좋다. 누구보다도 꿈이 많지만, 때론 사랑하는 마음을 위해 꿈을 포기할 줄도 아는 왕이 더 좋다. 땅을 더 많이 정복할 수도 있지만 노예에게 휴가를 주는 여유로운 왕이 더 마음에 든다.

난 과학도 세종대왕을 닮아야 한다고 믿는다. 아니, **과학을 하는 사람들이 세종대왕을 닮아야 한다고 생각한다. 과학이 우리를 움직이는 것이 아니라 우리가 과학을 움직이는 주체가 되어야 한다.**

세종대왕은 발명가였고, 과학자였다. 그의 목적은 백성을 이롭게 하는 데 있었다. 과학을 통해 중국을 정복하자거나 그 나라를 부숴버리자고 말하지 않았다. 혹은 능력이 모자란 사람을 향해 넌 나보다 강하지 못하니 차별을 당해도 마땅하다는 말을 해대지 않는다.

과학은 정말 훌륭한 일을 해냈다. 수많은 사람의 목숨을 살리기도 했고, 우리에게 편리한 생활을 가져다줬다. 인간의 몸이라는 우주와 지구 바깥에 존재하는 엄청난 우주의 신비에 대해서도 알려줬다.

지구가 태양을 중심으로 돌아간다는 갈릴레오의 말에 동의한다. 과학이 발견한 진실들에 감탄해 하며 그것을 통해 경이로움을 느낀다. 그 자체는 별문제가 되지 않는다. 선악과가 그러했듯.

과학으로 인해 스스로 신의 자리를 인간이 꿰찰 수도 있다는 착각은 분명 탐욕이다. 그러한 탐욕에 속는다고 해도 우린 탐욕이 주장하는 바처럼 진짜 신이 될 수는 없다. 화성에도 발을 못 디디는 마당에 어떻게 행성 하나를 만들어내겠는가.

다만 과학을 가진 인간은 그것을 가지고 어떠한 알고리즘으로 세상을 만들어 내느냐를 깊이 고민해 봐야 한다. 그것은 인간이 결정할 수 있다.

탐욕은 희한하게 인간이 순수한 꿈을 꾸기를 허락하지 않는다. 항상 인간보다 우위가 되어 하나님이 인간에게 주신 가치 있는 것들을 소멸하려고 언제든 그 입을 벌려 삼킬 준비가 되어 있다.

그것은 하나님의 알고리즘과 다른 방향으로 흘러간다. '사랑'이 아닌 '뺏고 빼앗김'으로 모든 것이 움직이길 원한다. **탐욕은 억울하고 분한 감정에서 한 발도 물러서지 않는다.**

내가 한 만큼 받아야 하고 내가 이룬 만큼 누려야 한다. 능력이 없는 누군가를 위해 내가 희생한다는 건 정말 억울하고 화나는 일이다. 힘이 없으니 정복을 당하는 건 당연한 진리이지만 나의 능력이 희생당하는 건 용서가 안 된다.

우리 안의 여왕 이사벨라는 비단 과학으로만 탐욕을 부추기지 않는다. 그 탐욕은 신의 메시지나 심지어 성경을 가지고도 우리 안의 정복욕을 부추긴다. 바벨탑을 쌓고 그 위에 단 한 명만 올라가도록 부추긴다.

십자군 전쟁이 그러했고, 수많은 테러리스트들이 신의 이름으로 자행한 일들이 그러했다. 우리 안에 그리고 우리 주위의 어떤 것도 선악과가 될 수 있다.

왜 사람들은 〈응답하라〉에 열광했을까. 왜 나니아의 세계 같은 천국의 이상에 심취해 있을까. 이 세상이 잘못되고 있다는 걸 사람들은 어째서 알게 된 것일까. 과학이 발전한 지금의 시대든 오래전의 시대든 입버릇처럼 말하던 소문. '세상이 망할 거야'라는 말은 왜 중얼거리는 걸까.

과학이 발달하고 진화론이 세상에 유명해졌어도 왜 사람들은 영원한 영혼의 세계에 대해 그 손을 놓지 못하는 걸까. 누구나 공감하는 그 가치. 사랑, 믿음, 소망 같은 인간만의 가치가 우리의 염색체 안에 살아 숨 쉬고 말을 걸고 있기 때문이라고 믿는다.

사실은 바벨탑의 꼭대기에 올라서는 것이 우리의 꿈이 아니라 어떻게 사랑하며 살아가느냐를 고민하는 게 인간이기 때문이라고 믿는다. 인간을 창조하신 하나님의 알고리즘은 우리에게 계속 외친다.

응답하라! 진짜 인간들이여.
너는 나니아의 왕이며 여왕이다. 어떤 나라를 만들겠는가.
그의 비밀 무기는 이에 대한 답을 명확하게 세상에 드러내고 있다는 걸 우리는 모두 이미 알고 있다. 그의 정복은 탐욕을 제거한 정복이다. 그의 정복의 목적은 인간에게 있다. 어떠한 인간이 세상을 정복하느냐에 따라 세상은 지옥이 될 수도 있고 천국이 될 수도 있기 때문이다.
하나님이 원하시는 정복의 세계를 경험하고 안 하고는 우리의 자유의지에 달려있다. 나니아를 믿든 안 믿든 똑같이 슬프고 고달픈 이 세상에서 스스로 나니아의 왕이라고 생각하며 살아가겠는가, 혹은 차가운 불빛의 이 거리가 세상 전부일 뿐이라 믿으며 살아가겠는가.
그것은 우리의 결정이다.

Chapter 4

사랑, 사랑을 시작하다

1 / 시크릿 가든

둘은 사랑을 하지 말았어야 했다.
여자는 꿈을 포기했어야 했다.
그랬다면 저런 불행한 일은 일어나지 않았을 텐데.
_본문 中

나더러 어쩌라고

세상에 자기가 원하는 대로만 사는 사람이 있을까. 최소한 난 그렇게 살았다는 사람을 만나본 적이 없다. 그리고 확신하건대 자신이 원하는 대로만 살다 간 사람은 한 명도 없을 것이다.

그러기엔 이 지구에 70억 명의 인구가 한데 어우러져 살아가고 있고, 만약 누군가 사람이 없는 무인도에서 살아간다고 할지라도 식물이나 동물들도 우리 마음대로 움직여주지 않을 것이다. 수많은 사람의 욕망이 만들어 내는 세계가 하루아침에 망하지 않고 그나마 굴러가고 있다는 것이 신기할 따름이다.

참으로 아이러니한 일은 우리가 원하는 것을 다 할 수 없다는 것을 알면서도 끊임없이 원하는 것을 향해 달려가는 선택을 한다. 매초 매 순간 그것을 포기하지 않는다. 또 동시에 우린 무엇인가를 포기하려고 하는 선택을 하기 위해 노력한다.

누군가를 죽일 만큼 미워하지만 우린 죽이지 않기 위해 노력한다. 당장이라도 상점에 있는 가방을 사고 싶지만 웃으며 내려놓는다.

좋은 왕이 되고 싶지만 난폭한 왕이 되기도 하고, 난폭한 왕도 때론 좋은 왕이 되기 위해 노력한다.

자유의지를 가지긴 했으나 그 의지대로 내가 완전히 움직여지지 않는다. 세상 또한 내가 원하는 대로 움직이지 않는다. 내 마음이 마음대로 안 된다는 말을 하지 않는가.

인간이라면 누구나 공감하는 말일 것이다. 선한 것도 악한 것도 내가 원하는 대로 할 수 없다. 욕망은 선한 나의 양심을 뒤흔들지만 정말 원하는 건 사실 선한 것이다. 또 반대로 〈응답하라〉에 나오는 덕선이에게 대답하고 싶다가도 금세 이사벨라의 야망에 굴복하고 마는 게 인간이다.

하나님이 가인에게 말씀하셨던 '**죄를 다스리라**'는 말은 어쩌면 우리 인간에게 불가능한 말이었는지도 모른다. 아니, **불가능하다**.

우리의 모든 순간을 선으로만 채우며 살아간다는 것은 아예 불가능한 것이다. 선이 무엇인지 악이 무엇인지는 알지만 인간은 생의 모든 순간을 절대 선으로만 채울 수 없다.

그래서 **결과는 죽음이다**. 우리 안에 쌓인 악의 독은 우리가 상상치 못할 결과를 만들어낸다. 알기에 책임이 있지만 아는 것을 다 할 수 있는 능력은 없다.

이것이 바로 하나님이 우리에게 선악과를 먹지 말라고 하셨던 이유다. 선악을 알게 되면 인간에게 책임이 돌아가지만 그걸 책임질 수 있는 능력이 없다는 것을 아셨기 때문이다.

하지만 인간은 먹어버렸고, 그 일은 일어났다. 그 모든 일을 아시는 하나님은 왜 이런 일을 만드신 걸까. 이런 엄청난 결과를 아셨던 하나님의 의중은 대체 무엇일까.

관계의 단단함을 위해 사랑을 하기 위해서라고 하지만 이건 너무 엄청난 결과를 불러온다. 무책임한 것 아닌가. 우린 이 일로 인해 무서운 대가를 치러야 한다. 굳이 이런 결과를 보면서까지 사랑이라는 걸 해야 하는 걸까 싶다.

하나님은 이기주의자인가 하는 생각이 들기도 한다.

사랑은 비합리적이다

한 남자가 있다. 그 남자는 모든 것을 가진 사람이다. 통장에 얼마가 있는지도 모를 만큼의 돈이 있고, 비싼 차에 회사에 다니는 모든 이가 굽신거리는 재벌 2세다.

그가 하는 결정이 여러 계열사를 움직인다. 많은 사람의 인생을 올릴 수도 내릴 수도 있다. 그가 결제하는 서류의 사인 하나가 생각지도 못한 것을 이루기도 하고 무너뜨리기도 한다. 그런 그가 한 여자를 사랑한다.

그 여자는 스턴트우먼이다. 고아에 가난하고 친구와 함께 한방에서 살아간다. 겨울에 비집고 들어오는 바람을 막기 위해 금이 간 문유리에 초록색 테이프를 붙인다. 그녀의 그런 처지를 알고도 남자는 어쩔 수 없이 그녀에게 빠져든다. 그녀 또한 자신과 절대 맞지 않을 것 같은 남자를 밀어내려 하지만 그게 되지 않는다.

둘은 결국 사랑을 한다. 남자의 어머니는 그 여자가 마음에 들지 않는다. 마음에 들지 않는 정도가 아니라 자기 아들이 한 번 쓰는 물건처럼 취급해야 하는 정도의 여자다. 아니, 그 정도도 안 되는 여자다. 돈을 줘보기도 하고 여자 주위에 있는 사람들을 어찌어찌 해보겠다는 협박도 한다. 명예롭게 돌아가신 그녀의 아버지에 대한 치욕스런 말을 해대기도 한다. 여자는 몇 번이고 남자와의 사랑을 포기하려고 하지만 마음대로 되지 않는다.

여자는 남자가 보고파 찾아간다. 그곳은 럭셔리한 파티장이다. 모든 사람의 눈이 둘을 향해 있다. 절대 권력의 남자와 남자의 발끝에도 미치지 못할 것 같은 여자는 정말 어울리지 못할 커플이다.

둘의 키스가 다음 날 회사 주가를 대폭으로 떨어뜨릴 걸 알지만 둘은 사랑을 확인한다. 남자의 어머니는 결국 남자를 최악으로 몰아간다. 사장 자리에서 쫓아내고 그가 가진 재산을 몰수하고 카드까지 끊어버린다.

그는 빈털터리가 됐지만 그래도 그녀를 포기하지 않는다. 둘에겐 비밀이 있다. 비가 오면 영혼이 바뀐다는 것이다. 돌아가신 그녀의 아버지의 영은 그녀의 미래를 알고 있었다. 스턴트를 하지 말라는 사인을 몇 번이나 보내지만, 그녀는 끝까지 그녀의 꿈을 포기하지 않는다.

스턴트를 하는 여자의 꿈을 위해 유명한 할리우드 감독을 개인용 비행기로 모셔왔던 남자의 결정은 미래를 모르는 결정이었다. 감독의 캐스팅으로 여자는 엄청난 교통사고를 당하고 그녀는 코마 상태에 빠진다.

남자는 결국 자신의 영혼을 코마 상태에 빠진 그녀와 뒤바꾸기 위해 여자를 데리고 빗속을 향해 질주한다. 여자의 아버지가 살아생전에 그를 구해줬던 것은 어쩌면 이런 미래를 위한 것이었는지도 모른다고 생각하며 여자와 함께 비를 뚫고 간다.

*

SBS TV 드라마 〈시크릿 가든〉의 내용이다. 물론 드라마의 결론은 두 사람이 잘 먹고 잘사는 걸로 끝났다. 전형적인 신데렐라 스토리에 판타지를 넣었지만 어쨌든 이 세상에서 제일 유명한 러브 스토리를 이용해 드라마가 탄생했다.

여기서 하나님의 사랑에 대한 의문을 가지고 와 보자. 사랑의 비합리적인 부분을 생각해 보자는 것이다. 드라마의 줄거리에서 나오는 주인공들의 비합리적인 부분을 대강 비판해 보면 이와 같다.

여 주인공의 아버지의 사인대로 그녀가 만약 스턴트를 그만두었더라면 남자가 자신의 영혼까지 버릴 필요가 없었다. 아니, 그 전에 남자가 여자를 사랑하지 않았더라면 이런 구차한 일이 일어날 이유도 없다. 혹은 서로 아예 만나지 않았더라면 남자의 재산이 빼앗길 이유도 어머니와 반목할 필요도 없다. 남자는 그의 유능한 능력으로 회사를 잘 지키면 될 일이다.

이런 별 볼 일 없는 사랑으로 인해 온 회사가 초토화되고 재산이 몰수되고 사랑하는 여자는 그로 인해 엄청난 고난의 시간을 거쳐야만 한다. 생각할수록 남자에게나 여자에게나 부질없는 짓이다.

남자는 여자의 꿈을 위해 한 번 움직이는데 2억이나 드는 개인용 비행기를 움직여 기껏 영화감독을 데리고 왔건만 그 일로 인해 여자는 코마 상태에 빠진다.

그리고 남자 또한 자신의 영혼을 버리면서까지 그녀를 자신의 몸으로 돌려놓지만 남자와 더 이상 사랑할 수 없는 여자는 불행하기 짝이 없다.

기껏 사랑 따위가 하는 일이 이렇다. 회사의 수익성 하락, 사람들의 마음에 입히는 상처들, 두 사람이 힘든 건 물론이고 주위 사람들까지 상처가 난다. 돈 낭비에, 시간 낭비에, 사람 낭비에. 이게 뭐하는 짓인가.

정말 우습게도 이 세상은 길라임과 김주원이 했던 사랑의 선택보단 악역으로 나오는 어머니의 선택으로 살아가라고 말한다. 이런 비합리적인 스토리에도 불구하고 드라마는 미친 인기를 자랑했다.

드라마의 패러다임을 다시 쓸 만큼 센세이션을 일으켰고, 다시없을 전설을 만들 정도였다. 많은 사람들은 이 사랑에 열광했고, 푹 빠져들었다. 드라마에 나왔던 주인공은 물론이고 OST까지 엄청난 인기를 끌었다.

시간 낭비, 돈 낭비를 따지는 세상의 논리에 도무지 맞지 않는 이해할 수 없는 둘의 행보지만 사람들은 그 어떤 사랑 이야기보다도 더 많이 열광했다. 둘의 한심한 작태를 보며 누군가는 이런 말을 했을지도 모른다.

둘은 사랑을 하지 말았어야 했다. 여자는 꿈을 포기했어야 했다. 그렇다면 저런 불행한 일은 일어나지 않았을 텐데. 모든 상황이 그녀의 불행을 예언했지만, 그녀는 끝까지 스턴트를 하고야 만다. 그 결과는 예정된 일이었다. 코마 상태에 빠지고야 만 것이다.

하나님은 선악과를 인간의 눈앞에 둔 이후의 일을 예상했다. 그리고 선악과는 인간의 입속으로 기어이 들어갔다. 그 결과는 예정된 것이었다. 죽음이 기다리고 있었다. 사랑은 정말이지 쓸데없고 불편한 일임이 분명하다. 하나님의 사랑의 무게는 길라임과 김주원의 사랑보다 훨씬 더 무거운 결과들을 도출한다.

한 회사가 아닌 우주와 연관되어 있다. 둘의 사랑은 회사 주식이 떨어지는 정도가 아니다. 온 우주가 망할 수도 있는 결제 서류에 사인을 해야만 한다. 그렇다고 인간을 로봇처럼 만들 수도 없는 노릇이다. 스턴트의 꿈을 이루는 길라임이야말로 길라임답기 때문이다. 그녀의 선택이 스턴트였던 만큼 또한 김주원일 수 있다. 스턴트를 고집부리고 해내는 그녀의 성정이 김주원을 선택하게 만드는 것이다.

사랑과 사랑의 모든 속성은 우리들의 이성을 벗어나 너무도 아이러니한 비합리를 외친다.

〈시크릿 가든〉은 묘할 정도로 하나님이 말씀하시고자 하는 사랑을 잘 표현하고 있다. 성경이 말하고 있는 가장 중요한 가치를 어쩌면 가장 잘 표현할 수 있는 프레임 같기도 하다. 이제 코마 상태에 빠진 길라임이 할 수 있는 일은 하나도 없다. 그저 죽음을 기다리는 것 외에는.

마치 모든 인간이 자신의 마음과 의지대로만 할 수 없는 것처럼 우린 길라임의 코마와 같은 진퇴양난에 빠져 버렸다. 그녀를 위해 뭔가를 해줄 수 있는 사람은 오로지 영혼을 바꾸게 할 수 있는 남자 외엔 없다. 이것은 남자의 모든 것을 거는 선택에 달려있다. 남자의 목숨 건 결정이 그녀의 삶을 결정하는 것이다.

여기서 많은 사람들은 오로지 남자 즉, 하나님 쪽에서만 할 수 있는 일을 두고 '그렇다면 우리의 의지는 어차피 아무 소용이 없는 것 아니냐'라고 말하기도 한다. 하지만 길라임이라는 여인의 상황을 두고 우린 오로지 남자가 구해주기만 바라보는 연약한 여인이라고 생각하지 않는다.

그녀의 꿈은 스턴트였고, 그녀는 그 꿈에 모든 것을 걸었다. 그 직업이 스턴트라서 강하다는 것이 아니다. 그녀가 꿈을 대하는 태도에서 우리는 길라임이 멋진 여자라고 생각하게 된다.

그런 꿈이 그녀에게 소중했던 것만큼 그녀는 사랑에도 강하다. 남자의 어머니가 핍박해서 흔들리기도 하고 눈물도 많이 흘렸지만 그녀는 남자를 포기하지 않는다. 자신의 상황이 보잘것없고, 앞으로 더 많이 힘들 것을 알지만 그녀는 남자를 놓지 않았다. 끝까지 믿은 것이다. 도망가지 않고 그녀의 모든 것을 다해 사랑한다.

김주원의 선택만이 그녀를 살리는 방법이라고 해도 우린 이것을 두고 '길라임은 독립적이지 않아' 혹은 '아무런 의지도 없잖아' 라고 결론 내리지 않는다.

우리가 하나님의 사랑과 예수 그리스도의 구원을 믿고 살아가는 것은 결코 연약한 선택이 아니며 의지박약도 아니고 더더군다나 의지가 아무 소용도 없는 결과가 아니다. 하나님의 구원은 모든 것을 건 하나님의 의지와 모든 것을 다해 하나님을 믿고 내던지는 인간의 의지가 만나 이뤄지는 열매다. 이것은 사랑 그 자체이며 사랑이라는 알고리즘이 만들어내는 비합리적이지만 아름다운 결정체라고 할 수 있다.

사랑은 두 사람의 아이러니한 의지와 결정, 비합리적인 사건들의 연발이지만 인간이라면 누구나 이런 사랑 한 번쯤은 격하게 해 보고 싶어 한다. 하나님의 격한 소원의 DNA가 우리를 그렇게 이끌고 있다. 참 비합리적인 욕구지만 이것이야말로 하나님이 온 우주에 쏟아 부으신 소망이요 구원이 나타나는 가장 기본적인 방식이다.

그럼에도

〈지금 만나러 갑니다〉라는 일본 영화가 있다. 학교에서 만난 두 남녀는 서로 좋아하지만 서로의 마음을 확인하지도 못한 채 몇 년을 보낸다. 그러다 여자는 교통사고를 당하고 잠들어 있는 동안 그녀의 미래에 대해 꿈을 꾼다.

아이를 낳고 행복하게 살 미래. 하지만 그 아이가 6살 때 그녀가 죽게 될 미래. 죽은 후 비가 오는 날에 이승으로 돌아와 남자와 아이와 함께 한 달 반의 시간을 보내다 다시 저승으로 가야 할 미래. 그것을 알고도 그녀는 일기에 이렇게 쓴다.

지금 만나러 갑니다.

불행한 미래가 기다리고 있지만 그녀는 전에 내지 못했던 용기를 내 남자를 찾아간다. 사랑은 이렇게 미친 짓이다.

하나님의 가슴을 채우고 있는 알고리즘은 이런 미치광이 같은 일을 하게 한다. 비밀의 정원에서 일어나는 그의 사랑은 죽음보다 강하고 음부의 불보다 뜨겁다. 그리고 이런 말을 하게 한다. 지금 난 너를 만나러 간다. 그 무엇도 날 막지 못할 것이다. 나는 너를 사랑한다. 그럼에도 불구하고.

비합리적인 것을 비판하는 세상의 잣대에도, 수익성이 전혀 없을 것 같은 미래에도 상관없이 그는 한 걸음에 달려간다. 엄청난 결과가 기다리고 있다는 것을 알면서도 불같은 미래에 뛰어들게 만든다.

그의 계산 없는 고백은 오로지 기적이 일어나고 있는 〈시크릿 가든〉의 멤버들만이 들을 수 있을 것이다. 성군이 될 것인가 혹은 폭군이 될 것인가의 선택보다 더 중요한 선택이 여기에 있다. 〈시크릿 가든〉에 들어가 그의 고백을 들을 것인가. 지금 만나러 오는 그를 만날 것인가. 그것은 우리의 선택에 달려있다.

2 / 엘리의 꿈

그녀가 윈했던 것은 집도 아니었고 파라다이스 폭포도 아니었다.
남편과 함께 하는 모험, 그와 함께 보낸 시간과 추억이었다.
집은 단지 그와 함께 하는 핑계였을 뿐이다.

_본문 中

이스라엘의 파라다이스 폴(fall)

어린 소년과 소녀는 둘 다 세계적인 모험가 찰스 먼츠가 동경의 대상이다. 언젠가 파라다이스 폭포가 있는 곳에 집을 짓고 살 거라는 꿈을 꾸던 둘은 커서 결혼을 하고 오랜 세월 함께 지내다 소녀는 할아버지가 된 소년보다 먼저 그녀의 생을 마감한다.

혼자 남겨진 미스터 프레드릭슨은 고집쟁이 늙은이가 다 되었다. 엘리가 남기고 간 집에 대한 그의 집착은 대단하다. 집 앞에 있던 엘리와의 추억이 묻은 우체통을 누군가 실수로 망가뜨렸을 때 할아버지는 그를 때리기도 한다. 경찰이 와서 그에게 양로원으로 가기를 권유하고 다음 날이면 떠나는 그 날 밤, 그는 엘리가 남기고 간 일기장을 펼쳐본다.

할아버지는 가슴에 십자가를 긋고 그녀에게 맹세했던 그 일을 해보기로 한다. 수천 개의 풍선을 달고 하늘로 두둥실 떠오른 집에 몰래 숨어들어온 꼬마 러셀. 그와 함께 여행할 생각이 전혀 없었던 할아버지는 불만 가득한 얼굴로 어쩔 수 없이 막무가내 꼬맹이와 함께 파라다이스 폭포를 향해 날아간다.

두 사람은 여러 가지 어려움을 지나야 했다. 꿈에서만 나올 줄 알

앉던 큰 새 스나이프, 말하는 개와 함께 그들은 모험을 시작한다.

*

픽사 애니메이션 〈업〉(up)에 나오는 내용이다.

이스라엘은 참으로 오랫동안 하나님이 말씀하셨던 메시아를 기다렸다. 오래전 엘리가 그의 남편 프레드릭슨에게 이야기한 꿈처럼 그들은 오래도록 그들에게 말씀하신 하나님의 꿈을 기다리고 또 이루기 위해 노력했다. 할아버지의 고집스러운 행동만큼이나 그들의 끈질긴 믿음은 몇 천 년을 이어올 정도로 대단한 것이었다.

그가 오면 이스라엘을 솔로몬의 시대처럼 아니, 그보다 더 막강한 나라로 만들 것이라는, 모든 이방을 그의 발아래 놓게 될 거라는 믿음으로 그를 기다리고 또 기다렸다.

이스라엘이야말로 하나님의 꿈으로 시작해서 성장한 꿈의 나무요, 장자의 나라다. 하나님의 선민, 열방의 제사장으로 부르심을 받은 그들의 꿈은 프레드릭슨의 파라다이스 폭포처럼 간절했다.

2000년 전에 그들이 기대하고 있던 한 사람이 나타난 듯했다.

그는 목수의 아들이었다. 그 사람은 태어난 이후 30년 동안 두문불출하고 있다가 선지자 요한의 세례를 시작으로 순식간에 사람들의 마음을 장악하기 시작했다.

눈먼 사람을 고치고, 병 있는 사람을 데리고 가면 낫게도 하고 심지어 죽은 자를 살리기도 한다. 그가 하는 모든 말에 사람들은 감탄한다. 로마의 속국으로 살아가던 이스라엘의 치정자들, 바리새인들과는 전혀 다른 이야기를 하는 그의 말은 속을 시원하게 만드는 뭔가가 있다. 더 기가 막힌 건 떡 다섯 덩어리와 물고기 두 마리로 5000가족을 먹일 수 있다는 것이다.

그는 이스라엘이 그토록 염원하고 기다렸던 메시아임에 틀림없었다. 그런데 어느 날부터 그는 이상한 소리를 하기 시작한다. 자신의 살을 먹고 피를 마시지 않으면 구원을 얻을 수 없다고 말한다. 자신의 십자가를 지고 따르지 않으면 제자가 될 수 없다고 말한다.

부자 청년에겐 재산을 다 팔아 가난한 자에게 나눠주고 자신을 따르라고 한다. 부자 청년이 낙담해 돌아서는 것을 보고는 부자가 천국에 들어가는 것이 낙타가 바늘귀에 들어가기보다 더 어렵다고 설파한다.

미워하는 자 심지어 원수를 향해 복수를 하려고 하지 말고 사랑하라고 말한다. 바리새인들을 향해 분노하시며 독사의 자식이라고 말하기도 하고 성전에서 물건을 매매하는 자들의 상을 엎고 욕을 하기도 한다.

예수님이 자신에 대하여 앞으로 고난받을 것을 말씀하시자 베드로는 결코 그렇게 될 일이 없을 거라고 편을 들지만, 예수님은 도리어 그에게 '사탄아 물러가라'고 하신다. 사람들은 그가 나귀를 타고 예루살렘 성에 입성할 때까지만 해도 메시아임을 확신했다.

그가 가는 길에 그들의 겉옷을 깔고 종려나무가지를 던지며 그의 입성을 환영했다. 그런데 예루살렘에 들어온 예수님은 똥딴지같은 궤변만 늘어놓는다. 이스라엘의 자랑인 성전을 보시며 돌 하나위에 돌 하나도 남지 않고 무너질 거란 말씀을 하신다.

대체 이스라엘을 위해 무얼 하겠다는 것인가. 더욱 엉뚱한 건 사흘만에 성전을 다시 일으키겠단다. 그에 대하여 기대한 만큼 실망과 의혹도 점점 더 커지기 시작한다.

한편, 로마 밑에서 이스라엘에 대한 정권을 잡은 바리새인들은 예수라는 존재가 불안하다. 그들의 진짜 걱정은 그가 진짜 메시아가 아니라는 것보다 그가 진짜 메시아일 가능성이다.

그렇게 되면 그들은 송두리째 그들의 권력을 빼앗기게 될 것이고 율법은 이제 그의 것이 될 것이다. 따라서 율법에 도통한 이유로 천한 계급의 사람들을 부려먹을 수 있었던 그들의 권력 수단은 사라지게 될 것이다.

신의 대리자로서의 직업은 졸지에 평범한 메시아의 백성으로 전락하는 것이다. 더 중요한 것은 그가 백성의 신뢰를 얻고 있다는 점이었다. 그들이 기존에 가지고 있던 백성으로부터의 신뢰보다 훨씬 강력한 믿음이 일어나는 걸 보며 그들은 불안해했다.

사람들은 그에게 열광하고 있었다. 그의 예루살렘 입성만 해도 그렇지 않은가. 어떤 선지자가 저런 대접을 받았던 적이 있던가. 그를 당장이라도 제거하고 싶지만 사람들은 그를 너무 좋아한다. 오히려 자신들이 돌을 맞을까 두려워 군중의 심리를 파악하고 있는 중이다.

그런데 상황을 보니 이자가 멍청한 짓을 하는 게 아닌가. 자신의 살과 피를 먹으라니. 성전을 삼일 만에 다시 세운다니. 게다가 더욱 꼬투리를 잡을 만한 그의 행동은 부정한 자와 같이 밥을 먹는다는 사실이다. 그것도 세리나 창녀 같은 상종도 못 할 자들과.

또한 안식일에 사람을 고치는 일을 한단다. 그것이 어떤 기적이라도 상관없다. 그의 행위는 명백히 율법에 어긋나는 짓이었다.

바리새인들은 기회를 노렸다. 자신들을 핍박하던 로마제국은 이제 그들의 편이다. 예수님이 스스로를 향해 유대인의 왕이라고 표현했던 것을 빌미로 유다 총독 빌라도에게 청원한다.

"이런 자는 위험합니다. 로마 제국의 왕권에 감히 도전하는 자입니다. 게다가 스스로를 하나님의 아들이라고 한답니다. 이는 신성모독입니다."

예수님은 로마 군인들에 의해 끌려갔다. 유다의 배신을 이미 알고 있었으나 막지 않았다. 자신 스스로를 내어준 체포였다. 사람들은 의아했다.

왜 그는 저렇게 끌려가는가. 정말 메시아라면 저럴 리 없다. 삼손처럼 밧줄을 풀고 사자소리를 내며 천사들의 군대를 몰고 와 그를 건드리지 못하게 해야 한다.

그가 정말 하나님의 아들인 메시아라면 우리를 그동안 핍박했던 로마제국을 순식간에 먼지 더미로 만들어버려야 한다.

그런데 예수님은 그렇게 하지 않으셨다. 사람들의 분노가 치닫기 시작한다. 우리가 기대한 사람이 아니다. 스스로도 구원하지 못하는 자를 어떻게 믿을 것이냐는 딜레마에 부딪힌다. 군중들은 반란을 일으켰던 바라바가 그보다 낫다고 생각한다.

바리새인들은 신이 났다. 로마는 지배 국가들을 통제하기 위한 당근 정책 중 하나로 명절이 되면 한 명의 죄인에게 목숨을 살릴 수 있는 특혜를 제공한다. 그 날은 반란을 일으켰던 바라바와 예수님 두 명이 무대 위에 서 있다. 성이 난 군중들은 두 명의 죄수를 노려보고 있다. 이스라엘의 파라다이스 폭포 위의 집에 대한 오랜 세월의 염원은 집착이 된 지 오래였다. 그런데 그 염원을 처참하게 짓밟은 사람은 죽어 마땅했다. 바라바는 이제 죄인이 아니라 영웅이었고, 예수는 이스라엘을 배신한 자였다.

"그의 피를 우리 자손들에게 돌리소서. 십자가에 못 박으소서." 라는 말을 할 만큼 군중은 무섭게 그를 저주하며 빌라도에게 소리친다. 빌라도는 의아해한다. 대체 이 예수라는 자의 죄는 무엇인가.

이 작자가 하는 말은 터무니없기 짝이 없었다. 그의 나라는 이 땅 위에 있는 것이 아니란다. 그렇다면 그는 실제적인 역린을 꿈꾸고 있는 사람이 아니라는 뜻이다. 허황된 몽상을 하는 미친 사람일 뿐이다. 하지만 그는 전혀 미친 사람처럼 보이지 않았다. 그는 무서우리만큼 침착하다. 그리고 그는 이러한 일을 이미 예상하였던 듯하다. 결국 예수님은 군중의 선택에 의해 십자가에 처형되어버렸다.

꿈에 대한 착각

예수님이 공생애 기간을 시작하시기 전 그는 40일 동안 광야에서 금식 하셨다. 금식 후에 사단이 와서 그를 시험한다.

첫 번째, 네가 만일 하나님의 아들이어든 명하여 이 돌들이 떡 덩이가 되게 하라. 두 번째, 예수님을 거룩한 성으로 데려다가 성전 꼭대기에 세우고 만일 하나님의 아들이어든 뛰어내리라.

세 번째, 지극히 높은 산으로 가서 천하만국과 그 영광을 보여 주면서 만일 내게 엎드려 경배하면 이 모든 것을 네게 주리라.

마귀는 그가 구원자라는 것도 신이라는 것도 왕이라는 것도 알았다. 그리고 그가 하고자 하는 일을 조금만 비틀면 마귀가 원하는 데로 이뤄질 것도 알았다.

선악과 때와 마찬가지였지만 이것은 더 어려운 시험이었다. 예수님이 왜 이 세가지 요구를 거절하실 수 밖에 없었는지를 생각해 보자면 다음과 같다. 첫째, 예수님이 말씀하시는 구원은 영원한 것이다. 마귀의 말처럼 돌들을 떡덩이로 만들어 굶주리는 사람을 살릴 수도 있다. 하지만 그들에게 다가오는 죽음은 막을 수가 없다. 예수님이 바라보는 그림은 더 큰 그림이었다.

두 번째, 사람들이 바라는 신은 그들의 눈으로 확인할 수 있는 기적을 나타내는 신이었다. 출애굽 때처럼 불기둥과 구름기둥으로 인도하는 신을 보기 원했다.

하지만 광야에서 실제로 그걸 보았던 사람들은 다 광야에서 죽었다. 결코 보는 것이 구원으로 연결될 수 없다는 것을 예수님은 알았다. 그 분이 성전에서 뛰어내린다는 것을 증명한다면 순간적으로 사람들이 그에게 머리를 숙일 수 있을지는 모르겠지만 그들의 마음을 얻을 수는 없다. 하나님이 원하시는 건 그들의 전부다. 경외하는 척하는 신도들을 원하시는 것이 아니다.

세 번째, 사람들은 당장이라도 메시아가 나타나 로마를 부수고 왕좌를 차지하는 사람을 원했다. 그뿐 아니라 모든 세계를 이스라엘의 발아래 둘 수 있게 만드는 능력을 갖춘 사람을 기대했다. 그것이야말로 그들의 파라다이스 폭포 위 집이었다.

그러나 예수님이 꿈꾸시는 왕은 그런 왕이 아니었다. 이스라엘 나라 하나만을 위한 왕이 아니었다. 그는 모든 이방인과 및 역사 속에 살아 숨 쉬고 있었고, 또 있을 모든 인류의 왕이어야 했고, 반드시 성군이어야 했다. 왕인 그가 원하는 것은 백성의 억압된 복종이나 굴복이 아니었다. 백성들 스스로가 진심으로 원하는 왕이어야 했다. 그래서 영원이라는 시간 아래 생성된 나라가 필요했다.

모든 역사 가운데 있던 모든 인류를 끌어모아 진실한 왕으로서 백성과 함께 더불어 살아가려면 그러한 시간과 공간이 반드시 있어야 했다. 그분은 그곳의 왕이어야 했다. 다윗과 솔로몬에게 경계를 넓히지 말라고 하셨던 이유였다. 그가 그 이상의 기적을 펼칠 수 있었음에도 불구하고 더 많은 것을 하지 않았던 이유다. 그의 마지막 선택이 십자가였던 이유다.

요즘 교회는 그 당시의 이스라엘 민족과 같은 착각을 하고 있다. 하나님의 축복이 물질과 번영에서 온다는 착각이다. 오래전 이스라엘이 가졌던 바보 같은 관념을 또 반복하고 있다.

솔로몬의 왕국이 되살아나면 더 많은 사람들이 하나님께 헌신할 수 있을 거라고 믿는다. 크리스천이 국회의원이 되고 크리스천이 더 많은 돈을 벌고 크리스천이 더 높은 곳에 올라가면 사람들은 그들을 우러러 보며 예수님을 믿고 교회에 등록할 것 같다.

그러나 시대를 막론하고 사촌이 땅을 사도 배가 아픈법이다. 누군가가 잘되는 것만이 많은 이들의 마음을 감동시키는 것은 아니라는 뜻이다. 만일 누군가가 잘되어서 그에게 감동한다면 아마도 그가 높은 자리에 올라가 있으면서도 밑에 있는 사람들을 진심으로 걱정하고 위로하려는 사람들에게 감동할 것이다. 이사벨라 여왕보단 세종대왕을 더 존경할 수밖에 없는 이유다.

눈에 보이는 축복도, 말하자면 지위가 높이 올라가거나 물질을 많이 소유하게 되는 현상을 하나님이 사람에게 허락하시기도 하지만 그건 사람들의 마음을 움직이려는 아주 작은 도구에 불과하다. 다니엘이 바벨론 제국의 제상이 된 것이 중요한 것이 아니다. 꿈 풀이를 못 했던 많은 점치는 사람들을 느부갓네살이 죽인다고 난리를 쳤을 때 다니엘로 인해 그들은 생명을 건졌다. 이것이 중요하다.

게다가 그의 지혜로 이스라엘이 오랜 시간 동안 사라지지 않고 그 명맥을 유지할 수 있었다. 이 사실이 더 중요하다.

요셉이 이집트의 총리가 된 것은 중요한 것이 아니다. 총리가 되고 난 이후 그가 많은 사람들을 기아로부터 구원했다는 것이 더 중요하다. 여왕이었던 에스더는 이스라엘 백성의 생사가 갈렸을 때 그의 지위를 이용했다. 세종대왕이 자랑스러운 이유는 그가 단지 많은 업적을 남긴 왕이라서가 아니다. 노비의 고통을 자신의 고통과 같이 함께 느꼈던 왕이었고 그 때문에 노비의 휴가를 만들었기 때문이다. 또 훈민정음을 완성했기 때문이 아니라 훈민정음을 만든 이유가 진심으로 백성을 위한 마음에 있기에 오랜 시간이 지난 지금도 우리나라 사람이라면 누구나 세종대왕을 기리고 사랑할 수 있는 거라 믿는다.

축복이 주는 물질과 번영에 홀려 하나님의 진짜 목적을 잊는 크리스천들이 많아지는 것 같다. 그 목적을 잃게 하는 마귀의 소리가 바로 예수님을 유혹하던 말들이라는 것을 우리는 깨달아야 한다. 그 미혹에 쓰러진 대표적인 예가 중세의 카톨릭이었다.

그들의 높은 권력은 도리어 그들을 삼켰고, 눈을 멀게 했다. 많은 사람들을 지옥으로 몰아넣었고, 구원을 모르게 했다. 하나님의 진심을 얼룩진 죄악으로 물들였다.

권력을 위해 십자군 전쟁을 일으켰다. 교회에 반하는 사람들을 마귀라는 이름으로 처단했다. 가장 잔인한 고문 방법을 고안해 냈다. 수녀들의 몰래 낳은 아기들이 성당 지하에 무더기가 되어 발견되기도 했다.

예수님은 마귀가 말하는 의도를 꿰뚫고 계셨다. 영원한 것이 아닌 일회적인 영광, 사람들의 마음을 얻는 자리가 아닌 그 자리 자체에 대한 영광, 진정한 통치가 아닌 억압의 통치로 하나님의 의도를 물들이려고 한다는 것을 알고 계셨다. 그것도 하나님의 이름으로 자행되는 탐욕은 다른 어떠한 탐욕보다 더 악하고 더럽게 물들 것임을 알고 계셨다.

예수님의 힘과 지혜는 실제 더 많은 것을 할 수 있었다. 그의 날개는 꺾인 것이나 다름없었다. 솔로몬도 가지고 있지 않았던 엄청난 지혜를 가지고도, 그 누구보다 많은 능력을 갖추고도 그는 정확히 써야 할 곳에만 그의 능력을 사용했다.

이러한 절제는 탑 위를 올라가는 것보다 훨씬 더 어려운 일이었다. 모든 이들의 단발적인 인정보단 진짜 해야 할 일을 위해 목숨을 걸었다. 그는 사람의 마음을 얻는 것에 모든 것을 건 신이자 왕이었다.

꿈을 포기하다

〈업〉이란 애니메이션에 나왔던 할아버지는 결국 그토록 아끼던 집을 과감히 버렸다. **그의 꿈을 던져버렸다.**

스나이프라는 희귀한 새를 사냥하려는 탐욕스러운 영웅 모험가에 맞서 그는 싸우기 시작했다. 그때 그가 해야 할 첫 번째 일은 그의 꿈을 버리는 것이었다. 왜냐면 죽은 아내 엘리가 원했던 것은 파라다이스 폭포 위에 집을 올리는 것이 아니었기 때문이었다.

그녀가 원했던 것은 집도 아니었고 파라다이스 폭포도 아니었다. 남편과 함께 하는 모험, 그와 함께 보낸 시간과 추억이었다. 집은 단지 그와 함께 하는 핑계였을 뿐이다. 엘리는 프레드릭슨을 원한 것이지 집을 원하는 게 아니었다. 그리고 그녀의 유언은 이렇게 말한다.

"당신의 모험을 하세요."

프레드릭슨은 죽은 아내의 진짜 꿈에 힘을 낸다. 또 다른 모험의 동반자들을 구하기 위해 집을 버린 그는 자신이 우러러보던 영웅과 싸워 꼬마와 개를 구한다. 과감히 버렸던 엘리와의 집은 결국 파라다이스 폭포 위에 정확히 착지하고 할아버지는 거기에서 더 나아가 영웅의 거대한 비행체를 차지한다. 영웅에게 억압당했던 개들은 그와 함께 자유로운 생활을 시작하고 꼬마도 개도 행복해졌다. 스나이프도 자신의 새끼들에게 돌아가 자유로워졌다.

예수님은 하나님이 원하시는 것이 무엇인지 아셨다. 안식일날 병자를 고치신 것도 부정한 자들인 세리와 창기들과 함께 어울리신 것도 율법에 어긋나는 것이었으나 행하셨다. 그런 규칙들이 사람들을 사랑하는 것보다 앞설 수 없음을 아셨다. 그런 규칙들이 바리새인들의 탐욕에 이용되는 것도 볼 수 없어 그들을 향해 독사의 자식들이라고 비난하셨다.

우리 민족이 최고가 되어야 한다는 이스라엘 군중의 탐욕에 굴복하지도 않으셨다. 너의 능력을 사람들 앞에 자랑하라는 마귀의 도발에 속지 않았다. 그는 자신의 능력의 단 일 퍼센트도 마귀가 부추긴 탐욕에 사용하지 않았다. 군중이든, 바리새인이든 심지어 자신 안에서 울리는 소리든 예수님은 마귀의 소리가 무엇인지 분별했고, 정확히 그의 일을 이루셨다. 그는 엘리의 꿈을 우리에게 이해시키기 위해 노력하신다. 그것이 그의 나라의 정책이며 그의 백성이 지녀야 할 덕목이다.

이러한 덕목을 마음에 지니고 사는 사람들이 사는 나라.

그의 알고리즘을 가슴에 품고 사는 사람들의 모임.

〈시크릿 가든〉의 멤버들이 살아가는 곳.

우리는 그것을 교회라고 부른다.

3 / 가난하기

누군가를 사랑하는 사람들의 마음은 늘 가난하다.
우상의 특징은 절대 가난하지 않다는 것이다.

_본문 中

갑과 을

〈시크릿 가든〉의 김주원은 길라임을 보고 싶어 하고, 뿌리 깊은 나무의 세종대왕은 똘복이의 인정을 받고 싶어 한다.

할아버지 프레드릭슨은 죽은 아내 엘리의 집에 풍선을 달아 올린다. 연애를 시작하는 사람들은 매일 매일 얘기하지 못해 안달이다. 더 많이 보고 싶고 더 많은 이야기를 나누고 싶어 한다.

이들의 공통점은 하나다. 재벌가의 아들이든 한 나라의 왕이든 죽은 할망구를 잊지 못한 할아버지든 그들은 **가난하다**. 누군가를 사랑하는 사람들의 마음은 늘 가난하다. 김주원이 길라임에 대해, 세종대왕이 똘복이에 대해, 할아버지가 죽은 아내에 대해 가난하듯 이제 사랑을 시작한 연인은 연인에 대하여 지극히 가난하다.

그가 보고 싶고 자꾸 얘기하고 싶은 이유는 아직 그를 다 가지지 못했다고 생각하기 때문이다. 단지 상대를 알고자 하는 지식의 욕구나 욕망이 아니다. 분명 그 사람이 내 마음을 다 채우고 있는데 아직 그 사람이 고프다.

김주원은 모든 것을 가졌지만 한 사람의 마음을 가지지 못해 괴로워하고 힘들어했다. 그 마음을 가지기 위해 모든 것을 포기할 만큼 그가 채우고 싶은 그의 가난한 마음은 길라임을 위해 자리를 비워둔다. 세종대왕의 지옥은 오로지 똘복이의 인정으로만 탈출할 수 있었다. 자신을 죽일 만큼 미워하던 똘복이의 인정이, 자신을 진심으로 받아들이는 마음이 그에겐 고팠다.

할아버지 프레드릭슨의 빈자리가 채워지지 않는 이유는 엘리가 떠났기 때문이 아니다. 그는 아직 엘리를 사랑하는 가난한 청년이었다. 상대방에 대하여 마음이 가난하다는 건 아직 열렬히 사랑할 마음이 활활 타오르고 있다는 증거다.

연애가 시시해질 땐 이제 서로에 대해 더 이상 알고 싶어 하지 않을 때다. 다 알아서가 아니라 더 알고 싶지 않아서다. 그런 현상은 갑에게서 먼저 나타난다. 여기서 말하는 갑이란 사랑을 더 많이 받는 쪽을 뜻한다. 그 갑이 여자든 남자든 더 많은 사랑을 받는 사람은 이제 상대편의 사랑을 쟁취하기 위해 노력을 기울이지 않는다.

이미 그의 마음이 자신에게로 기울었음을 알았고, 굳이 노력하지 않아도 된다고 생각하기 때문이다. 하지만 반대로 을은 갑의 그런 반응에 가슴 아파한다. 을은 아직도 고프다. 그는 갑의 노력이 절실히 필요하다. 더 많이 반응해주고 관심을 가져주길 원한다.

〈맘마미아〉라는 영화에서 주인공 여자는 노래한다.

"Winner takes it all(이기는 사람이 모든 걸 가지죠)."

결국 사랑을 더 많이 하는 쪽이 진다는 것을 비유해 한 말이다.

하나님과 우리와의 사랑에서 갑과 을은 누구일까.

여기서 갑은 사람이다. 을은 하나님이다. 이건 분명하다. 왜냐면 하나님이 우리를 더 많이 사랑하기 때문이다.

*

난 예수님이 산상수훈에서 심령이 가난한 것에 대해 말씀하시는 이유가 여기에 있다고 본다. 하나님은 인간을 향해 사랑을 애걸하고 있는 바보 같은 을의 사랑을 하고 있다.

"심령이 가난한 자는 복이 있나니 천국이 저희 것임이요."

이 말은 '제발 나를 향해 가난해질 수는 없니? 그렇다면 이미 난 네 거야.' 라는 뜻이다. 처절한 을의 이야기다. 위 문장은 예수님이 공생애에 하셨던 첫 번째 설교였다. 그만큼 절실했고 중요했기 때문이었다고 생각한다. 〈또 오해영〉이라는 드라마의 삽입곡 "너였다면"이라는 노래 가사를 보자.

왜 너에겐 그렇게 어려운지
애를 쓰는 나를 제대로 봐주는 게

너 하나에 이토록 아플 수 있음에 놀라곤 해
고단했던 하루, 나는 꿈을 꿔도 아파
너였다면 어떨 것 같아
이런 미친 날들이 네 하루가 되면 말야
너도 나만큼 혼자 부서져 본다면 알게 될까
가슴이 터질 듯 날 가득 채운 통증과
얼마나 너를 원하고 있는지
내가 너라면 그냥 날 사랑할 텐데

을은 아프게 노래한다.
'내가 너라면 그냥 날 사랑할 텐데' 라고.
산상수훈의 첫 번째 문장은 같은 맥락을 이야기하고 있다.
난 너에 대해 언제나 가난해.
너도 그냥 날 향해 가난해질 수는 없는 거야?
이렇게 애쓰고 있는 나를 보는 게 왜 그렇게 힘든 거지?
만약 나를 보기만 한다면 난 너에게 날 다 줄 수 있는데.

짝사랑하는 사람의 마음이 이미 상대방에게 있는 것처럼 하나님의 마음은 이미 우리에게 있다. 그의 마음을 선택하고 안 하고는 우리에게 달려있다. 짝사랑하는 사람은 자신이 가지고 있는 것을 다 주고 싶지만 그것도 상대가 원해야 할 수 있는 일이다.

꽃을 거절하는 것도 꽃을 받아드는 것도 짝사랑하는 사람이 결정할 수 있는 문제가 아니다. 그건 오로지 사랑을 받는 자가 결정할 수 있는 것이다. 그러나 동시에 하나님은 영원하시고 완벽하신 분이다. 아무리 바보 같은 을의 사랑이라고 해도 사랑을 받는 사람이 절대 하나님의 사랑을 이용할 수는 없다는 뜻이다. 그가 주는 것만을 노리고 다가오는 '척하는' 사람의 마음은 그에게 소용없다. 그는 마음의 중심을 꿰뚫어 보시는 분이다. 신은 이용당하지 않는다. 오로지 진심으로 그의 마음을 받아들이고 그처럼 함께 가난해지는 사람에게 천국이 허용되는 것이다.

인류의 역사가 흐름에 따라 교회도 변천했다.

광야의 성막, 솔로몬의 성전, 무너진 헤롯의 성전, 성 베드로 대성당 그리고 한국뿐 아니라 전 세계에 곳곳에 지어진 교회까지 교회의 모습은 역사에 걸쳐 여러 모습으로 존재했지만 결국 교회란 가난한 사랑을 갈구했던 사람들 하나하나가 모였던 무형의 공동체를 가리킨다. 시대마다 하나님을 사랑했던 모임이든 개인이든 하나님의 진짜 교회는 하나님을 향해 마음이 가난했던 공동체였다. 이러한 교회 즉, 모든 시대에 나타난 모든 성도의 교회는 하나님의 아들이신 예수 그리스도 안에서 나타난다고 성경은 기록한다.

예수님이 성전을 무너뜨려 사흘 만에 다시 세우신다는 것은 그의 몸이 사흘 만에 다시 살아난 것을 의미한다. 그의 몸이 곧 하나님의 교회라는 뜻이다.

예수님은 창세기 4장 7절의 '죄'라는 단어처럼 죄의 모양을 지닌 육신으로 오셨으나 속죄 제물로 영원히 하나님 앞에 인류의 죄를 사하시는 하나님의 사랑이 완성되는 거대한 통로이자 그림이다.

하나님이 그리시는 예수 그리스도라는 그림은 인류 역사 전반에 걸쳐 있으나 나타난 시점이 단지 2000년 전이었을 뿐이다. 그는 알파이자 오메가로서 충성된 증인이시다. 그는 믿음이 자라기 전부터 믿음의 결실이 나타나는 모든 시기에 걸쳐 존재한다.

예수님은 아브라함에게도 영향을 미치셨고(요 8:56), 모세에게도 영향을 미친 분이셨다(히 11:25).

하나님의 교회는 사람의 믿음을 시작으로 쭉 이어져 왔다. 다만 사람의 눈에 나타난 시점이 역사를 가른 AD와 BC에 있었을 뿐이다. 하나님의 세계는 보이는 곳과 보이지 않는 모든 곳에 걸쳐 존재한다.

실제로 그를 만졌던 사도들만 하나님의 사랑을 확인했던 것이 아니라 보이지 않는 세계와 모든 시간대에서 하나님의 사랑은 비밀스럽게 확인되고 있었다. 그리고 그 가운데서 하나님은 자신을 향해 마음을 열고 가난해지는 사람들을 만나시고 일으키셨다. 그 증인들을 들자면 끝도 없다(히 11:32).

부자 교회

교회도 마찬가지다. 당시 나타났던 예수 그리스도가 전부가 아니었던 것처럼 교회 또한 한 시대에 국한되지 않은 보이지 않는 공동체이자 개인이다. 이들은 모두 보이지 않았어도 하나님을 사랑할 수 있는 가난한 마음 즉, 믿음이 존재할 수 있는 의지를 붙잡고 있었다(벧전 1:8).

예수님이 충성된 증인일 수 있는 이유는 인류의 역사 안에서 하나님을 사랑했던 모든 이들이 그의 몸이기 때문이다. 교회의 구성원들이야말로 그의 몸을 구성하고 있는 세포 하나하나다. 우리는 예수 그리스도의 몸을 구성하고 있는 건물 하나하나인 것이다(엡 2:2).

그의 몸은 어떤 사람이 자기에게 속했는지 속하지 않았는지를 정확하게 인지한다. 그것이 그의 사람과 아닌 자들을 구분해 줄 방법이다. 그의 몸이 완성되게 만드는 알고리즘은 사랑이며 몸의 구성원 하나하나는 하나님과의 사랑이 완성된 기적의 결정체다.

이 기적은 오로지 서로가 서로를 원하는 가난함에서만 비롯된다. 이 가난함이 사라진 교회의 형태들은 모두 무너졌다. 모세의 장막도 솔로몬의 성전도 헤롯의 성전도 중세시대의 화려했던 권력도 다 사라지고 없다. 당시 진짜 교회라고 생각했던 공동체가 사라졌던 이유는 가난함을 상실했기 때문이었다.

하나님의 이름을 이용해 자신의 권력을 쟁취하려는 자들의 우상들은 절대 빛을 발하지 못했다. 그래서 하나님은 그를 사랑하는 가난한 자들을 통해 그의 교회의 명맥을 이으셨다.

*

왜 가난함을 잃어버린 교회를 하나님은 철저하게 무너뜨리신 걸까. 여기서 잠깐 영화 〈일라이〉에 대해서 얘기하자.

태양이 폭발해 자외선의 뜨거운 기운이 지구의 많은 생명체를 죽인다. 영화로웠던 땅은 물을 상실한 이유로 메말랐고 그 때문에 사람들은 강도와 폭력을 일삼으며 살아간다. 한 마을이 있다. 마을의 두령은 그가 발견한 우물로 권력을 쟁취하지만 그는 계속 특별한 책 한 권을 찾아 헤맨다.

그러던 어느 날 마을에 이상한 남자가 들어온다. 괜한 시비를 걸던 강도 무리들은 생각지도 못한 방어에 목숨을 잃는다. 그를 공격한 장정들이 쓰러졌지만 두령은 그가 마음에 든다. 별 볼 일 없는 부하들보단 그놈 한 명이 있는 게 더 낫다는 판단 때문이었다. 그를 위해 깨끗한 침대와 식사와 여자를 들인다.

갓 스무 살이 넘은 여자는 남자를 살핀다. 남자는 그녀와 잘 생각이 없다고 한다. 그녀의 눈에 이상한 물건 하나가 보인다. 그것은 아주 두꺼운 책이다.

책 표지엔 이상한 기호가 보인다. 남자는 여자가 책을 보고 있다는 것을 깨닫고는 기겁을 하며 책을 얼른 가방에 숨긴다.

다음날 여자는 다시 두령에게로 불려간다. 책을 가지고 있는 남자에 대해 나쁜 말을 하기가 싫다. 그는 좋은 사람 같았다. 엄마와 함께 식사 하는데 그녀는 어제 남자와 함께했던 의식을 해본다. 엄마의 손을 잡고 눈을 감는다. 그리고 기도한다.

그 행동을 본 두령은 고함을 지르며 그녀가 무엇을 봤냐고 묻는다. 그녀는 책을 봤다고 말한다. 두령이 더 자세히 물어보자 그녀는 손가락 두 개를 십자 모양으로 만들어 보인다. 두령의 눈이 번뜩 빛난다. 그가 찾던 물건이었다.

두령은 남자를 뒤쫓기 시작한다. 글자를 읽을 수 없는 부하들은 이유를 알 수가 없다. 대체 저 책이 뭐라고 이렇게 많은 희생을 하는 것인지. 그러자 두령은 이렇게 말한다.

"저 책만 가지면 많은 사람들의 마음을 지배할 수 있지. 저건 권력을 창출하는 힘이야." 성경을 두고 하는 말이었다.

일라이. 성경을 품에 가지고 있던 남자는 그것으로 뭘 할 생각은 없다. 다만 30년 동안 그가 들었던 소리에 맞춰 서쪽을 향해 걷고 있었을 뿐이다. 그의 목적은 그 책을 서쪽의 어느 곳에 가져다 놓으라는 것이었다. 일라이는 결국 그 책을 두령에게 빼앗긴다. 그러나 그가 결국 쓰러진 후에 얻은 다른 존재가 있다. 그가 구해줬던 여자였다.

그는 이렇게 말한다.

"언제나 책을 들고 다닐 줄만 알았지 정말 그렇게 할 생각은 못 했었어. 내가 받고 싶은 데로 남에게 베풀어라."

책이 항상 말하던 진리를 비로소 깨달은 일라이. 그들이 도착한 서쪽은 알카트라즈 섬이었다. 그는 섬을 지키고 있는 사람들에게 자신 있게 말한다. "나는 KJV 버전의 성경을 들고 여기에 왔습니다."

30년의 세월 동안 외웠던 구절 하나하나를 천천히 읊어대고 옆에 있는 사람은 받아쓰기 시작한다. 그의 눈이 클로즈업 된다. 동공은 이미 죽은 채였다. 그는 장님이었던 것이다. 책은 점자책이었고, 두령은 결국 그 책을 읽지도 못한 채 몸이 썩어 죽는 비참한 최후를 맞는다. 일라이는 그의 삶을 마친다. 그리고 그가 길러낸 제자인 여자는 피하기만 했던 삶을 벗어나 오히려 그가 가르쳐 준 대로 다른 곳을 향해 일라이의 칼을 들고 여행을 시작한다.

이 영화를 보고 난 후 난 어떠한 사람도 자신의 권력을 위해 하나님의 짝사랑을 이용할 수 없다는 것을 깨달았다. 하나님은 모든 것을 가지신 만큼 누구에게 그 모든 것을 줘야 할지도 알고 계신다.

오직 가난한 자들의 마음만이 하나님이 주시는 진심에 대해 이해할 수 있고, 그 진심이 원하는 일이 무엇인지도 이해하게 하신다. 성경을 들고 간 일라이가 정말 깨달아야 했던 건 성경 그 자체가 아니라 성경이 가르치는 진리를 실제로 행하는 것이었다. 이러한 믿음의 행위는 오직 마음이 가난한 자들만이 행할 수 있는 것이다.

욕심에 사로잡힌 자들은 오로지 하나님이 가진 힘과 능력만을 원할 뿐이다. 비합리적인 일들을 이해시킬 수 있는 강력한 수단이 되기 때문이다. 두령이 책을 빼앗으려고 했던 이유다.

하나님은 그 형상들을 향해 우상이라고 말씀하신다. 다른 신들을 그려놓고 형상화한 우상도 사실 나라의 권력을 좌지우지하기 위한 인간의 탐욕이었다.

훨씬 무서운 우상은 하나님의 사랑을 이용해 자신의 탐욕과 욕심을 채우는 우상이다. 이 때문에 그분은 매번 그의 교회가 세운 우상들을 잔인하고 혹독하게 돌 위에 돌 하나도 남기지 않고 부숴 버린다 (눅 19:44).

그런 우상이야말로 많은 사람들의 영혼을 지옥으로 들어가게 만드는 강력한 통로가 되기 때문이다. 그 우상의 특징은 절대 가난하지 않다는 것이다. 하나님을 더 알고 싶어 하기보단 이미 그분에 대해 다 안다고 생각한다. 하나님이 그들에게 말씀하시는 것을 용납하지 않는다.

그 안엔 하나님과의 사귐이 없고 따라서 사랑이라는 알고리즘도 적용되지 않는다. 그들은 하나님께 말하지도 않고 하나님의 말씀을 듣지도 않는다.

하나님의 권좌를 이용해 자신의 탐욕을 채우려고 할 뿐이다. 그리고 서서히 자신들이 하나님이라고 말하기 시작한다. 신의 자리를 탐하던 마귀는 입을 벌려 서서히 그들의 영혼을 삼킬 뿐 아니라 그들의 권력의 우상이 만들어낸 금송아지로 많은 영혼들을 자신의 입속에 밀어 넣는다.

가난하기를 포기하는 순간 우리의 자리엔 이미 탐욕의 신이 자리를 잡기 시작한다.

하나님은 얼마든지 스스로가 '을'이고자 하신다. 우리가 그의 사랑을 받아들인다고 고개만 끄덕여도 그는 우리들의 갑질을 허용하신다. 그러나 이러한 갑질은 사랑을 거부하는 갑질이 아닌 그의 사랑을 인정하고 받아들이는 데서 오는 갑질이다. 사귀기로 약속한 남녀가 된 상태에서도 하나님은 여전히 을이 되길 기뻐하신다. 갑이 된 우리들은 때론 원망도 하고 때론 확인도 해달라고 한다. 필요한 게 있으니 이것저것 해달라고도 한다.

예수님은 예수님의 부활을 믿지 못하는 도마에게 못 자국을 보여주시기도 하시고 그분을 부인했던 베드로를 수제자로 세우시기도 하셨다. 예수님의 이름을 믿는 사람들을 잡아 감옥에 넣었던 바울을 불러 가장 영향력 있는 사도로 사용하신다. 때론 하나님의 결정에 화가 나 니느웨로 가야 할 길을 틀어 반대로 간 요나를 설득하신다.

이 모든 갑질적 사랑을 했던 모든 이들을 하나님이 수용하실 수 있었던 이유는 그들이 여전히 갑이었어도 그를 아는 일을 포기하지 않앉기 때문이었다. 때론 그들의 마음도 부요해질 때가 있었다. 그러나 그들은 가난하기를 말씀하시는 하나님의 이야기에 귀를 기울이고 다시 무릎을 꿇는다.

종국엔 갑이고 을이고가 없어질 만큼 마음을 나눌 때가 되면 우리가 얼마나 부자인가를 깨닫는다. 가난하면 할수록 하나님은 우리를 더욱 부요하게 하신다. 이것이 하나님의 교회로 또 교회 안에서 살아가는 방법이다.

교회의 명맥은 이러한 가난한 마음과 마음으로 이어졌고, 예수 그리스도 안의 천국은 그들 안에서 형태를 이루며 드러나고 있었다. 결국 가난하기를 실천하는 교회가 진짜 부자가 될 수 있다는 것을 깨닫게 될 것이다.

Chapter 5

사랑, 교회를 세우다

1 / 뿌리 깊은 나무

교회는 유다지파의 사자요
다윗의 뿌리인 예수 그리스도로부터
나고 자라고 뿌리를 드리우고
열매를 맺는 정치적 집단이다.
_본문 中

그리스도의 나라

인간의 사회가 발전되면서 빠질 수 없는 영역이 바로 종교다. 정치와 경제뿐 아니라 인간의 사회적 결정에 영향력을 미칠 수 있는 강력한 수단이 되어온 중요한 사회 현상이다.

Christianity. 그리스도를 믿는 종교.

기독교 혹은 천주교라고도 하고 혹은 유대교에서 온 어떤 다른 가지이기도 한 이 분파는 시대에 따라 유대인에게서 천주교로 지금은 기독교와 천주교에서 나타나기도 한다. 난 이것을 종교라고 정의하지 않으려 한다. 오히려 **그리스도교란 예수 그리스도를 왕으로 섬기는 정치적 집단이다.**

세상이 정의하는 그리스도교는 분명히 종교 중 하나다. 동시에 정치적 집단이다. 예수 그리스도가 왕인 영원한 나라라고 할 수 있다. 그러나 이것은 세상에 시스템을 완전히 구축해 어떤 지역에 정착한 정치적 집단이 아니다.

예수님이 스스로를 왕이라고 하셨으나 이 땅에 속한 왕이 아니라고 하셨던 것과 마찬가지로 우리는 이 땅에 속한 백성이 아니며 이 땅에 있는 나라에 속한 자들이 아니다.

우리가 태어나기도 전에 이미 우린 어떤 나라에 속해 있었는데 그곳이 바로 그리스도가 통치하는 나라이며 그곳에 속한 백성임을 예수 그리스도교는 주장한다.

이 정치적 세력은 영적인 개념이며 영원한 곳에 기반을 둔다. 그러나 한 편으로 예수님은 공생애 당시 이스라엘 민족이었다. 그가 살았던 곳은 이스라엘 영토였고, 로마의 속국으로서 이스라엘이라는 나라의 시민권을 가진 사람이었다. 종교는 유대교였다. 하지만 예수님의 시민권과 왕권은 영원한 곳에 있으며 그는 스스로 영원한 나라의 하나님이시다.

마찬가지다. 우리는 현재 대한민국의 영토에 사는 대한민국의 국민이다. 하지만 영적으론 예수 그리스도가 통치하는 나라에 속한 백성이다. 우린 천국의 백성이며 하나님 나라의 영원한 일원이다. 그러한 영원함을 기다리는 자들이 바로 그리스도인이고 Christianity의 덕목을 품고 사는 자들인 것이다.

앞서 말했던 무형의 교회가 그리스도를 섬기는 보이지 않는 나라의 형태라고 할 수 있다. 무형이기에 교회는 기독교에 있을 수도 천주교에 있을 수도 있다. 만일 그가 예수 그리스도의 이름을 사랑하고 믿기만 한다면 말이다.

어떤 이들은 이런 질문을 하기도 한다. 그들이 하나님을 사랑하는

지 어떻게 아느냐고. 그들이 구원받은 것을 어떻게 아느냐고 말이다. 만일 그렇게 사랑하는 사람들, 구원받은 사람들이 교회라고 말한다면. 그 질문에 대하여 이렇게 묻고 싶다.

누가 누구랑 사귀는데 그들이 정말 사랑하는지 안 하는지 우리가 알 수 있는가? 그러한 속 깊은 일은 그들 소관이다.

게다가 그들 안에서 벌어지는 진짜 마음은 우리가 눈으로 확인할 수 있는 것이 아니다. 심지어 20년 30년을 붙어산 부부들조차 정말 내 배우자가 날 사랑하는지 의심하며 물을 때가 있지 않은가. 결혼생활은 내가 끝을 낼 수도 아닐 수도 있는 선택의 기로를 몇천 번이고 몇만 번이고 지나는 삶이다.

하나님과의 관계를 통해 이뤄지는 우리의 구원과 사랑의 확증도 매일 확인하며 열심히 지켜야만 한다. 그것이 우리 그리스도인들의 삶이다. 또한 그것은 하나님과 그들 한 명 한 명의 개인적인 이야기다. 어느 누가 부부의 은밀한 사생활을 만천하에 공개하겠는가.

부부 일은 부부밖에 모른다고 하듯 인간과 하나님과 사귐의 진위도, 구원이 실제 그 안에서 이뤄졌는지에 대한 영적인 결론도 그 둘밖에 모를 일이다. 다만 '둘이 부부다'라는 사실을 알 수 있는 건 '우리 결혼했어요'라고 만천하에 공개할 때다.

하나님은 이미 그의 사랑을 공개했지만, 우리가 그와 가약을 맺었다고 공개할 수 있는 권한은 우리에게 있다. 그것을 믿음이라고 부르지 않던가. 그리스도를 사랑했던 수녀 테레사도, 성령과의 뜨거운 교제를 하셨던 대천덕 신부님도 모두 그리스도의 사람들이며 그리스도와 가약을 맺은 그리스도의 사람들이다. 그 나라에 속한 백성들이고 교회의 구성원이다.

하지만 중세 시대의 강력했던 카톨릭 교회에서 권력에 심취했던 교회의 수장들에게 만약 그리스도의 사랑이 없었다면 이미 그들은 교회의 구성원이 아니라고 단언할 수 있다.

지금의 시대도 마찬가지다. 십일조에 감사헌금을 하고 교회 맨 앞줄에 가서 기도를 하는 사람이라고 할지라도 그리스도의 사랑이 그 안에 없으면 그는 하나님의 백성이 아니다.

바리새인들도 똑같이 십일조에 감사헌금까지 꼬박꼬박 냈지만, 그들이 예수님에게 들었던 말은 너희가 독사의 자식이라는 무서운 호통뿐이었다.

예수님이 당시의 백성을 향해 말씀하셨으나 그들은 우리에게 제삼자가 아니다. 그들이 들을 수도 있는 말을 우리도 들을 수 있음을 명심해야 한다. 우리에게 예수님은 독사의 자식이라고 말씀하실 수도 있으며 베드로에게 하셨던 것처럼 '마귀야 물러가라!'고도 하실 수 있다.

그들의 이야기가 곧 우리의 이야기일 수도 있다는 것은 예수 그리스도의 교회가 한 세대만 아우르는 공동체가 아니라는 것을 말해주는 동시에 우리가 저 믿음의 선진들이나 이스라엘 백성들처럼 그에게 속한 백성임을 인지하게 한다.

모세에게 하셨던 이야기가 우리에게 들려오고 요셉의 이야기가 우리의 힘이 되기도 하고 사도들에게 들려주셨던 이야기가 살아 우리의 삶과 인생을 움직인다면 우린 그의 나라에 속한 사람들임이 분명하다.

오히려 그들이 들었던 이야기를 우리에게도 해주시는 것이 신기하기도 하다. 우리는 교회의 기초를 깔았던 베드로도 아니고 출애굽의 위대한 지도자였던 모세도 아니지만, 하나님은 그들에게 했던 말을 우리에게도 하신다.

옛 시대의 사람이나 현시대의 사람이나 똑같은 백성으로 대하신다는 것을 알 수 있다. 모든 사람들에게 들려주는 이야기의 형태는 동일하지만 각자에게 들리는 메시지는 수천수만 개의 레마(지혜)로 전달된다.

그 지혜는 그의 백성에게 주신 아주 간편하고 유용한 핸드폰, 바로 성령님을 통해 이뤄진다. 버튼을 눌러 신호가 가는지 확인하지 않아도 되고 상대가 통화 중일 염려도 없고 문자를 읽었는지 안 읽었는지 생각하지 않아도 된다. 심지어 성령은 우리가 감추고 있던 의도까지 파악한다. 성령은 예수 그리스도라는 이름으로 오신 하나님의 대리자다. 그로 인해 우리의 영은 하늘과 연결되어 있다. 그 사람이 하나님을 사랑한다면 말이다.

〈도깨비〉라는 드라마에서 재밌는 장면 하나가 나온다. 도깨비는 신에게 심통이 나 있었다. 그는 팔랑거리는 나비를 보며 화를 낸다.

"대체 나한테 왜 이러는지 설명 좀 해 봐요."

나비에 깃들어 있는 신에게 말하는 장면이다. 우습고도 판타지적인 설정이다. 그러니까 이런 일은 현실에서 일어날 것 같지 않은 일이라고 생각하는 장면이기 때문에 사람들이 볼 때 피식 웃음이 나는 것이다. 하지만 하나님의 나라에 있는 사람들에겐 흔한 일이다. 흔하다 못해 매일 매 순간 일어나기도 한다. 그것을 크리스천들은 기도라고 부른다. 눈을 감고 두 손을 모으지 않아도 된다.

난 가끔 침대에서도 화장실에도 멀쩡히 눈을 뜬 채 하나님과 대화를 한다. 길거리를 걸으면서도 한다. 다른 사람이 보면 미친 사람인 줄 알겠지만, 그것이 내가 하나님과 소통하는 방식이고 또 언제나 그건 성공적이었다.

성공적이라는 뜻은 우리가 핸드폰으로 누군가와 통화하는 것처럼 명확하게 대화를 주고받을 수 있었다는 뜻이 아니다. 난 소리가 들린다거나 그분을 실제로 봤다거나 한 적은 없다. 심지어 꿈으로도 그분을 본 적이 없었다. 하지만 그가 나와 함께 있고, 나와 함께 이야기를 나누고 있다는 것에 대해서는 너무나 확신적이다. 그를 생각하면 기쁘고 슬프기도 하며 원망스럽기도 하고 때론 화가 나기도한다.

내가 정신병원에서 이상자라고 진단을 받지 않은 이상 하나님에 대한 나의 감정은 매우 실질적이다. 우리가 인지하는 현실 중 감각보다 더 현실적인 것은 없다. C.S.Lewis가 말했던 것처럼 말이다. 드라마의 도깨비가 신과 씨름을 하듯 하나님을 정말 만나고 있는 크리스천들이라면 일상이 그렇게 돌아가고 있을 것이다.

교회는 이처럼 매일 이러한 일상을 성령과 함께 실제적으로 살아가는 공동체요 구원과 사랑을 확증하며 한 걸음씩 나아가는 독립적인 존재다. 하나님은 교회에게 실상이 되고 싶어 하시는 것이다. 있지도 않은 누군가를 정말로 사랑하기란 불가능하다. 그것도 목숨을 바친다거나 삶의 전부를 거는 건 더더욱 그러하다. 그렇게 하나님을 사랑하게 된 사람에겐 보이지 않는 하나님은 실제요 실상이다.

사랑하는 연인들이 서로에 대해 싫증을 느끼는 이유는 그 사람이 눈에 보이지 않아서가 아니다. 같은 식탁에 앉아있어도 그를 향한 마음이 무감각해지는 순간 그는 투명인간이나 마찬가지다. 그의 삶에서 사라진 존재보다 더 먼 존재가 되어 버린다. 연인이 연인에게 투정하는 이유는 그가 내 눈앞에서 없어서가 아니라 자신을 더 이상 원하지 않는 것 같다고 생각하는 상대편의 보이지 않는 마음을 느꼈기 때문이다.

하나님과의 관계는 그와 반대다. 보이지는 않으나 마음은 훨씬 명확하다. 그의 사랑은 우리처럼 변하거나 변질되지 않기 때문이다. 너무 많이 받아서 변질이 되는 건 우리 쪽이다. 우리는 언제나 갑질을 할 준비가 되어 있다.

오로지 사랑으로만 열리는 대화의 시스템,

그 길이 열린 가운데서 하나님은 그의 나라를 구축하시고 그의 백성을 완성하신다. 그 모든 것이 그리스도라는 체계와 시스템으로 이뤄지고 사랑이라는 알고리즘에 의해 돌아간다.

이 시스템은 하나님으로 하여금 우리가 실패했을 때 느끼는 자괴감이나 누군가와 헤어졌을 때의 슬픔이나 시험에 합격했을 때의 기쁨을 매 순간 함께 나눌 수 있게 한다.

성령이라는 즉각적인 통신수단이 있기에 나라의 구성원들은 왕의 보좌 앞에서 줄을 서 기다릴 필요가 없다. 그저 그가 서 있는 곳이 교회고, 보좌 앞이 될 수가 있다. 하나님이 하시는 가장 가치 있는 일은 그 한 명과 대화하는 것이다. 매일 대화를 이어나가는 것이다. 그게 원망이든 투정이든 의심이든 상관없다.

KBS 드라마 〈태양의 후예〉에서 강 선생이 유 대위에게 얘기한다. "당신이 목숨 걸고 나라를 구할 때 난 당신한테 아주 사소한 이야기밖에 할 수가 없어요. 택배가 왔는데 물건이 거지 같았다는 둥 이런 얘기 하면서 살고 싶은데 당신은 어디 가서 총을 맞거나 국가의 위기를 해결하고 와야 하잖아요." 그러자 유 대위가 답한다. "그럼 해요. 난 당신이 하는 모든 얘기가 중요해."

하나님은 영원한 나라의 왕으로서 해결해야 할 복잡한 일들이 산더미 같지만, 우리의 사소하고 말 같지도 않은 이야기를 더 듣고 싶어

하신다. 왜냐하면 그는 그 어려운 일을 능히 해내시는 하나님이시기 때문이다.

우리의 사소한 이야기에 귀를 기울이시면서도 그는 우주의 일을 해결하실 수 있다. 또 그가 진짜 하고 싶은 일이 우리와 하는 연애이기 때문이다(요일 1:3).

걸어다니는 천국

교회는 세상이 정의하는 종교의 형태에서 살아가긴 하지만 실제는 뿌리가 깊은 영원한 나라로서 존재한다. 교회는 유다 지파의 사자요 다윗의 뿌리인 예수 그리스도로부터 나고 자라고 뿌리를 드리우고 열매를 맺는 정치적 집단이다. 그 때문에 진정한 그리스도인들의 정치적인 목적(열매를 맺는)은 예수님이 말씀하시고 실천하셨던 알고리즘을 바탕으로 실현된다.

일라이가 30년 동안 책을 들고 다녔던 믿음의 씨앗은 어려움을 당한 한 여자를 구하는 실천으로 자라고 또 한 명의 제자가 탄생하는 것으로 열매를 맺는다.

예수님이 말씀하신 것이 우리 안에 들어와 뿌리가 드리워져 튼튼한 나무로 자라고 열매를 맺는 것이 하나님의 정치가 하는 일이다. 이것 자체가 하나님의 나라요 구성원의 모습인 것이다.

만약 누군가의 마음에 예수 그리스도의 믿음의 씨앗이 뿌려져 깊이 뿌리가 박혀 있다면 그는 이미 천국의 사람이자 천국 그 자체다. 그 사람이 교회인 것이다. 이 일은 순식간에 이뤄지지 않는다. 나무가 자라거나 아이가 태어나 장성하는 것처럼 오랜 시간을 견디고 성장해야 한다.

때론 바람도 맞고 태풍도 지난다. 실수도 하고 죄 가운데 빠지기도 한다. 좋은 땅이 되려면 자갈도 내버려야 하고 엉겅퀴도 없애야 하며 새도 쫓아버리는 수고를 해야 한다. 그 과정에서 가장 많이 해야 하는 일이 바로 **하나님과의 사귐이다.**

예수님은 가장 쉬운 통로를 우리에게 가르쳐주셨다. **기도하는 일이다.** 그냥 눈을 감고 진심으로 이야기를 하면 된다. 그 가운데 하나님은 우리에게 때에 맞는 길을 보여주신다.

새가 왔으니 쫓아라.
가시덤불이 있으니 없애거라.
태풍이 오니 단단히 버티고 있어라.
자갈들이 있으니 내어 버려라.

테레사 수녀님도 대천덕 신부님도 주기철 목사님도 모든 믿음의 선진들도 이러한 과정을 거쳐 그리스도의 믿음을 심고 그 안에 싹을 틔워 거대한 고목으로 성장했다. 이 **사귐이야말로 하나님의 꿈을 자**

라나게 하는 필수적 양분이다.

그 열매들이 얼마나 많은 일을 했나를 보라. 얼마나 많은 사람을 살렸는지를 보라. 얼마나 숭고했는지를 보라. 얼마나 많은 곳을 정복하고 얼마나 많은 이들의 마음을 침노해 그리스도의 나라가 되게 했는지를 보라.

하나님과의 사귐이 불러오는 꿈은 세상이 말하는 야망을 거부한다. 왜냐면 그것이 인간에게 주신 본연의 꿈이 아님을 누구보다도 아시기 때문이다. 하나님이 우리를 교회로 세우신 진짜 목적이다.

세상 속의 교회

그의 정치는 교회라는 기관을 통해 세상의 모든 인간이 스스로를 볼 수 있게 한다. 이스라엘이 꼭 이스라엘만을 위했던 나라가 아니었던 것처럼 지금의 교회도 마찬가지다.

인간으로 하여금 진짜 인간이 되기 위해서 또 살기 위해서 교회를 세상에 보내신 것이다.

나를 매번 속이며
내 안엔 원하지도 않던
헛된 바램이
어느 새 부턴가 생겨

그걸 따라가다 보니
나보단 이 세상이
더 행복해했어

래퍼 비와이가 외친 '데이데이'의 가사처럼 세상은 바벨탑을 올라가라고 말한다. 마치 이것이 우리들의 진짜 꿈인 것처럼 말한다.

저 위를 올라가는 것이 진짜 네가 원하는 것이다. 더 높아져야 하고 더 많은 것을 가져야 한다. 그걸 위해서 누군가에게 상처를 주고 누군가를 밟고 올라가는 건 인지상정이라고 말한다. 그저 하나의 룰일 뿐이다. 네가 최고가 되면 행복할 것이라고 주문을 건다.

이에 대하여 '데이데이'란 노래 가사는 명확하게 이러한 진실을 짚어 이야기한다. 사실 그건 내가 원했던 것이 아니라고 말한다. 그걸 따라 가다보니 나보단 이 세상이 더 좋아하더라는 진실을 노래한다. 이것은 인간과 세상 그 자체에 관한 문제다. 하나님은 교회가 이러한 인간의 문제에 대해 깊이 고민하고 묵상하기를 바라신다.

교회는 세상에 대한 책임을 그리스도와 함께 떠안고 산다. 왜냐면 교회의 구성원 하나하나가 왕의 마음으로 살기를 원하시기 때문이다. 교회가 외치고 실천해야 할 것은 그리스도와 닮은 인간으로 살아가는 것이다. 이것이 우리가 세상에 대하여 책임을 지는 방식이다.

누군가를 밟지 않고서도 꿋꿋하게 행복할 수 있는 사람.
손해를 보면서도 누군가를 도와줄 수 있는 사람.
이사벨라 여왕보단 세종대왕의 가치를 지닌 사람.
공부는 못하지만 착하고 똑똑한 덕선이 같은 사람.

하나님과의 사귐은 이러한 자람(grow)을 가능하게 한다. 그의 사랑은 국경도 인종도 초월하게 한다. 결국 하나님의 나라라는 정치적 경계는 사귐이 있는 사람의 동선(動線)에 달려있기 때문이다.

하나님의 백성이라는 물이 세상이라는 바다를 덮기를 바라는 마음으로 하나님은 교회라는 정치적 세력을 움직이신다. 그 세력은 절대 눈으로 확인할 수 없을 것이다. 왜냐하면 그리스도의 몸은 모든 세상의 마지막에 완전히 드러날 것이기 때문이다.

이 세력은 하나님의 비밀이다. 선악과 옆에서 속삭였던 뱀은 아직도 세상에 활발히 활동하고 있다. 적에게 자신의 진영을 다 내보이는 바보 같은 장군이 있다면 그는 장군이라는 직함조차 달지 못했을 것이다.

그 때문에 하나님은 그의 교회가 가진 진짜 모습을 완전한 승리가 올 때까지 절대 공개하지 않을 것이다. 예수 그리스도라는 이름의 뿌리 깊은 나무는 아직 숨겨져 있으나 동시에 나타나기도 한, 두 번째 에덴동산과 같다.

하나님이 숨기신 것은 아무리 거대해도 찾을 수가 없다. 하나님의 나라는 사람들의 영혼 안에서 깊이 뿌리가 박힌 나무와 같이 자라고 또한 보이지 않는 시간 속에서 하나의 나무로 성장해 나간다.

예수 그리스도라는 반석 위에 자라는 교회는 결코 사라지지 않는다. 그루터기만 남기는 작업이 역사에 걸쳐 수없이도 반복되었지만 이 정치 집단은 단 한 번도 사라지지 않았다. 왜냐면 그 나무의 뿌리가 박힌 곳은 단단한 반석인 예수 그리스도였기 때문이었다. 이것이 하나님의 능력이다. 교회는 하나님의 능력으로 세워진 예수 그리스도의 나라이다.

2 / 이스라엘

답답할 노릇이다. 그렇다고 미친 듯이 기적을
펑펑 터트리며 보여줄 수도 없다.
인간의 마음은 그렇게 사로잡히는 게 아니다.
하나님이 그걸 모르시겠는가.

_본문 中

나타난 교회들

- 아브라함
- 이삭
- 야곱-이스라엘
- 12지파: 이스라엘 민족의 완전한 형태가 이때 완성된다.
- 출애굽 이후 광야의 성막: 교회의 율법이 세상에 드러나고 하나님의 이름인 여호와가 세상에 알려진다.
- 솔로몬의 성전: 확정된 이스라엘의 영토에서 왕의 제도가 성립된 시기다.
- 느헤미야 성전: 바벨론 포로 이후 70년 만에 이스라엘의 영토와 성전이 재건된다.
- 헤롯 성전: 로마의 유화 정책으로 세워진다.
- 예수 그리스도
- 12사도와 바울의 사역으로 인한 이방인 전도: 신약 시대가 시작되고 이제 복음은 유대인들에게 뿐만 아니라 이방인들에게도 전해지기 시작한다.
- 천주교와 기독교 등으로 발전: 전 세계 곳곳에 퍼져 있다.

지금까지 이어온 교회의 대략적인 모습을 정리해봤다. 하나님의 교회가 비밀이라면 그래서 숨겨야만 했던 것이라면 왜 하나님은 이스라엘을 통해 그의 이름을 드러내고 나타내신 것일까.

왜 눈에 보이는 공동체가 필요했던 것일까. 이스라엘의 나라 재건, 성전 건축, 보이는 의식과 건물 등은 하나님이 우리를 사랑하시고 우리가 하나님을 사랑하는 데 있어 별 쓸모가 없는 것처럼 보이는데 말이다.

무형의 교회가 진짜 교회라면 왜 이런 형태들을 고안하시고 또 구체적인 건물의 설계까지 보여주시며 만들라고 명하신 것일까.

안식일을 지키라 명하시고 주일날에는 교회에 가고, 모임을 가지라고 말씀하신다. 우리가 걸어 다니는 성전이라고 말씀하셨지만 바울은 모이기를 힘쓰라고 말한다. 위의 도표만 봐도 하나님이 교회의 형태에 꽤 신경을 많이 쓰셨다는 것을 알 수 있다. 이것은 곧 하나님이 실제적으로 보이는 교회의 공동체에 대하여 매우 중요하게 생각하셨음을 뜻한다.

왜 하나님에겐 눈에 보이는 형태들이 중요했던 것일까. 결국 교회가 보이지 않는 무형의 교회라면 말이다. 위 질문에 대한 답은 많은 이유를 내포하고 있지만, 그 중 강력한 이유를 하나 추측하려 한다.

한 남자의 사랑

한 남자가 여자를 사랑한다. 그런데 여자는 남자에 대한 정보가 아무것도 없다. 그냥 모르는 사람이다. 이름이 뭔지도 모르고 직업이 뭔지도 모르고 어디에 사는지 성격이 어떤지도 모른다.

그렇다면 남자는 어떻게 해야 할까. 무작정 그 여자가 자신을 봐주기를 기다려야 할까. 아니다. 사랑에 빠진 남자라면 옷매무시를 가다듬고 그 여자가 잘 가는 커피숍에 가서 앉아 기다리거나 혹은 우연을 가장해 같이하는 일들을 계획할 것이다.

처음에 만날 땐 우연처럼 만나질지라도 사랑에 빠진 남자는 여자의 관심을 가지기 위해 온갖 궁리를 다 한다. 커피숍에서 아르바이트를 하는 여자라면 남자는 여자가 일하는 커피숍에 앉아서 몇 시간을 앉아있어 보기도 할 것이다.

며칠이고 그 일은 반복된다. 매일 와서 자신을 흘끔흘끔 쳐다보는 남자에 대해 여자는 어느 순간 궁금해한다.

뭐하는 남자지?

남자는 참다못해 인사를 하며 자신을 소개하려고 할 것이다. 내 이름은 누구누구입니다. 직업은 음… 재벌 2세인 데다 누가 들어도 다 알만한 회사의 사장이라고 하면 코웃음을 칠 것 같다. 내가 입고 있는 번쩍이는 트레이닝복이 이탈리아 장인의 한땀 한땀 솜씨로 만들었다고 해도 믿을 것 같지 않다.

〈시크릿 가든〉에서 김주원이 자신을 소개하는 방식은 화려하다. 자신의 백화점을 길라임이 속한 촬영팀에게 촬영 장소로 빌려주고 길라임을 타박하는 감독에게 자신을 소개한다. 이 여자 막 대하지 말라고 큰소리를 치니 그 여자는 그제야 믿기 시작한다.

아… 재벌 2세 맞구나.

그러나 현실적으로 다가오지 않는다. 그의 집을 가보니 여자의 입이 벌어진다. 정문에서 오토바이를 타고 한참을 들어갔는데 아직도 그의 집이란다. 그래도 믿어지지 않는다.

그러니 하나님을 소개하는 이야기를 듣는 우리는 오죽하겠는가. 그가 갑자기 우리 앞에 나타나 이 세상을 창조했다고 아무리 말해도 인간은 코웃음이나 칠 것이다.

당신이 정말 이 세상을 만들었고 심지어 나를 만들었다고요? 그런데 내가 좋다고요? 당신 미친 거 아닙니까? 나더러 그 말을 믿으라고요? 답답할 노릇이다. 그렇다고 미친 듯이 기적을 펑펑 터트리며 보여줄 수도 없다. 인간의 마음은 그렇게 사로잡히는 게 아니다. 하나님이 그걸 모르시겠는가. 길라임이 아무리 김주원의 집을 보고 그의 회사를 봤어도 마음을 열지 않았던 이유와 같다.

하나님이 진짜 나타나서 산을 송두리째 옮겼다고 해보자. 그걸 보고 사랑에 빠지는 이는 한 명도 없을 것이다. 오히려 무서워하며 도망가지 않으면 다행이다. 혹은 저 신이 우리를 죽일지도 모른다는 생각에 두려워 다시는 그를 찾지 않을지도 모른다. 심지어 기절하는 사람도 있을 것이다.

출애굽을 한 뒤 광야에서 이스라엘 사람들의 일상은 구름기둥과 불기둥을 매일 보고 하나님의 임재가 산에 임하는 것을 보고 아침에 내려오는 만나를 먹었다. 모세를 죽이려 했던 고라와 다단의 무리가 땅으로 꺼지는 것도 보았다. 하지만 그들은 모세에게 이렇게 말한다.

> 하나님이 우리에게 말씀하게 하지 마옵소서. 우리가 죽을까 하나이다 출 20:19

하나님의 모습을 최초로 본 사람들이었으나 그들은 하나님을 사랑하기는커녕 무서워 벌벌 떨며 말조차 시키지 말라고 했다. 그렇다면 김주원은 길라임에게 자신을 어떻게 소개해야 할까? 하나님은 어떻게 인간에게 자신을 소개해야 할까? 하나님의 자기소개는 아주 세밀한 계획에 따라 준비되었다. 인간으로 하여금 **하나님이 가진 것이 아닌 하나님을** 볼 수 있게 하려고 말이다.

길라임이 김주원에게 마음을 열 수 있었던 건 그녀가 그의 집을 보거나 그의 능력을 확인해서가 아니다. 길라임이 김주원에게 마음을 열기까진 많은 과정이 필요했다.

그가 가진 재력과 능력을 본 길라임에게 드는 첫 번째 생각은 나와 김주원은 절대 맞지 않다는 생각이었다.

말하자면 길라임은 김주원이라는 사람이 한 편으론 두려웠을 것이다. 그와 사랑을 하기는커녕 아는 사람으로 지내는 것만으로도 부담스럽기 짝이 없었을 것이다.

인간의 모습으로 나타나는 하나님을 봤어도(창 18:2) 모세에게 그의 이름 겨우 하나 건네는 하나님만 봐도 사람들은 그를 두려워했다. 그러한 두려움은 한동안 지속되고 있었다.

하나님을 이긴 자

아브라함이 태어나기 전에도 인간은 절대 신을 이기거나 가까이 다가갈 수도 없다고 생각했다.

당연한 생각이다. 여호와라는 이름이 나오기 한참 전에도 아브라함이 하나님을 알기 전에도 사람들은 신들을 섬겼고, 제사를 지냈다. 그것은 인간 스스로가 신이 인간보다 훨씬 힘이 세고 능력이 월등하다고 생각했음을 증명한다. 그런데 참으로 아이러니하게도 하나님이 자신을 소개한 나라의 이름의 뜻은, '하나님을 이긴 자'.

이스라엘이란 단어의 뜻이다. 원래 이름이 야곱인 그는 타지에서 고생고생해서 모은 양 떼와 사랑하는 아내들과 아이들을 앞서 보냈다. 자신을 죽이려고 군인들을 몰고 오는 에서가 두려워 그는 홀로 남아 하나님의 천사와 씨름을 한다.

나에게 축복을 내놓지 않으면 당신을 놓지 않겠노라고 고집을 부리며 밤새 그와 싸운다.

결국 천사인 그가(천사라고 하지만 그는 하나님이시다. 이스라엘이라고 이름을 지은 걸 보면 하나님이신 그가 천사의 모습으로 나타났음을 알 수 있다)야곱을 이기지 못함을 보고 야곱의 환도뼈를 친다고 했다.

그래서 야곱의 이름은 이스라엘로 바뀌고 이 이름은 한 나라와 민족의 이름이 된다. 하나님인 그가 야곱 하나 따위를 이기지 못한다?

정말 웃긴 일이다. 어떻게 신인 그가 인간 하나를 이기지 못하는가? 그런 신을 믿어야 하는가? 하지만 엄마가 이길 수 없는 가장 무서운 상대가 누군지 아는가. 그건 엄마를 향해 젖을 달라고 우는 갓난아이다.

하나님을 향해 축복을 달라고 떼를 쓰는 인간은 전무후무했다. 그것도 하나님을 이겨보려고 하는 고집이라니. 그것은 야곱의 큰 믿음이었다. 그의 믿음엔 이러한 원칙이 있었다. 자신이 싸우고 있는 존재는 뭔지는 모르지만 하늘이라는 영원한 곳에서 사는 존재다. 아마도 조상들의 신인지도 모른다.

그가 싸웠던 곳은 그 오래전 에서에게서 도망칠 때 하늘과 땅을 오르내리던 사다리를 꿈에서 봤던 벧엘이었다. 만약 그를 통한다면 내가 에서에게서 죽을지라도 그를 통해 영원한 곳을 갈 수 있으리라.

그리고 이 천사는 나에게 어쩌면 그런 축복을 정말 줄지도 모른다. 이래 죽으나 저래 죽으나 죽는 건 마찬가지니까.

하나님은 이런 사람을 향해 이길 수 없으셨다. 인류 역사상 그 아무도 보지 못했던 천국의 꿈을 처음으로 꿈꾸는 이 사람을 어떻게 이기려 하겠는가. 그는 결국 야곱과의 사랑에 있어서 을이었다. 엄마였고, 아빠였다.

이스라엘은 그 때 영원한 복을 전파할 최종적인 형태이자 최초의 형태로 믿음의 발걸음을 뗐다. 더 거슬러 올라가 보자. 하나님의 진짜 목적은 언제나 첫 과정에 숨겨져 있다.

> 내가 하려는 일을 아브라함에게 숨기겠느냐 아브라함은 강대한 나라가 되고 천하 만민은 그로 말미암아 복을 받게 될 것이 아니냐 내가 그로 그 자식과 권속에게 명하여 여호와의 도를 지켜 의와 공도를 행하게 하려고 그를 택하였나니 창 18:17-19

하나님이 아브라함을 택하신 것은 '그로 말미암아 천하 만민이 복을 받게' 하려는 데 있단다. 아브라함을 택하신 이유가 결국 천하 만민이 복을 받게 하기 위해서란다.

하나님이 목적하시는 최종 영역은 온 열방, 온 세계, 온 민족이라는 것을 명시하신다. 아브라함의 자식과 그 권속에게 명하여 여호와의 도를 지켜 의와 공도를 행하게 하기 위해서란다. 바울은 우리의 믿음이 아브라함의 자손이 되게 한다고 말한다.

예수 그리스도를 믿는 믿음이 그의 자손이 되게 한다면 의와 공도를 행해야 하는 사람들도 결국 우리라는 뜻이다. 그리고 자손이 된 우리가 하나님의 의와 도를 행해야 한다는 것을 의미한다.

아브라함 한 사람을 선택한 이유는 그의 혈육으로 이어진 이스라엘뿐 아니라 이방인인 우리까지도 그의 자손이 되어 하나님의 도를 행하게 하려는 것이다. 하나님이 아브라함과 이삭과 야곱에게 자신을 소개하시고 그의 선민인 이스라엘 백성을 통하여 자신을 드러내신 이유는 결국 모든 세계가 하나님을 알게 하기 위함이다.

하나님을 알아야 하나님을 사랑할 수 있기 때문이다. 이스라엘이라는 계보를 이어오며 하나님은 그분 자신을 소개하시는 데 최선을 다하신다.

율법 = 하나님 소개서

율법에 적힌 성막의 설계나 솔로몬 성전의 설계에 나오는 치수, 형상 등은 단순히 아름답게 만들기 위한 명령이 아니었다. 일종의 하나님 소개서라고 할 수 있다. 나는 이런 이런 하나님이다. 앞으로 이런 일을 할 거고 또 앞으로 난 이런 사랑을 할 것이다. 너와 내 집은 어디에 세우고 뭘 하며 살지에 대한 계획서다. 그럼에도 하나님이 자신을 소개하신 소개서 중 가장 이해가 안 가는 부분이 있다.

율법에 나온 끔찍한 형벌들과 죄에 대한 하나님의 단호한 말씀들이다. 왜 굳이 그분의 소개서에 이런 별 도움도 안 되는 말들을 기록하신 걸까. 하나님이 말씀하신 것을 살펴보면 그가 단 하나의 거짓도 죄악도 용납할 수 없는 성품을 가지고 있다는 것을 알 수 있다. 그가 가지고 계신 공의 때문이다.

어떤 이는 이런 하나님의 성품이 너무 무섭다고도 하고 이해할 수 없다고도 한다. 인간을 사랑한다면서 왜 이런 지키지도 못할 율법을 만들었냐는 것이다. 또 어떤 이는 그것이 하나님의 변질할 수 없는 성품이라면 왜 지금에 와서는 구약의 법률을 적용하지 않느냐는 질문을 하기도 한다.

자, 또 김주원이다. 깨끗한 곳에서만 자란 이 남자가 사랑하는 여자의 집에 처음으로 찾아간다. 그는 놀라움을 금치 못한다. 집으로 들어가는 길은 더럽고 좁은 골목이다. 문 앞에 갔는데 유리창에 녹색 테이프가 붙어있다. 게다가 화장실은 자기 집 현관보다 좁고 방은 자기 집 화장실보다 더 작다. 심지어 문손잡이는 불결해 보이기까지 한다. **그는 절대 그 문손잡이를 만질 사람이 아니다.**

그것은 그의 **성품**이다. 더러운 것에 적응 안 되고 좁은 방이 결코 용납되지 않는 그의 성품이다. 그렇다고 김주원이 그녀를 당장에 포기했을까? 왜 이렇게 집이 더럽냐고 면전에다 욕을 했을까? 아니다.

그는 쓱 둘러본 후 꾹 참고 집에 들어간다. 물론 그는 자신이 원래 이런 사람이 아니라는 걸 말해준다. 그런데 자기가 이렇게 오는 건 너 때문이라며 은근 잘난 척을 한다. 하나님은 마치 김주원처럼 내가 원래 이런 데 내가 참는 건 네가 좋아서 이러는 거라고 말씀하신다.

이스라엘 사람인 다윗은 하나님의 성품을 알았다. 그 때문에 그가 심각한 죄에 빠졌을 때 심히 고민했지만 하나님이 자신을 사랑한다는 것을 믿었기에 하나님의 이름을 다시 부를 수 있었다.

엘리야도 하나님의 성품을 누구보다 잘 알고 있던 제사장이었지만 차라리 날 죽여 달라고 투정했다.

단 하나의 죄도 용납하실 수 없는 그가 이 세상을 향해 어떤 행동을 하는지는 예수님을 보면 알 수 있다.

예수님은 당시 이스라엘 사람들이 상종도 하지 않았던 세리와 창기와 함께 식사하셨다. 그들은 부정한 사람들로서 율법에선 절대 가까이 하지 말라고 했던 부류의 사람들이었다. 안식일에는 병자도 고치셨고, 이방인들과 말을 섞고, 사마리아의 여인과 대화를 나눴다.

이스라엘 사람들로선 절대로 용납되지 않는 행위였다. 왜냐면 하나님이 그런 걸 용납하실리 만무하다고 생각하기 때문이었다. 믿음의 사람들이 믿음의 사람인 이유는 그들이 율법을 잘 지켜서가 아니라 하나님의 성품이 그러함에도 불구하고 그들을 절대 떠나지 않고 끝까지 사랑해주실 것을 믿었기 때문이다.

길라임이 길라임인 이유는 김주원이 아무리 깔끔한 체를 하고 아무리 자신의 상황을 용납할 수 없는 인간이라고 해도 그를 포기하지 않고 사랑했기 때문이다.

하나님의 공의 즉, 율법은 원래 이렇게 말한다. 세균이 있는 문손잡이를 만지면 감염이 될 거야. 그리고 그 마지막은 죽음이지. 하지만 그 이면엔 그의 공의가 감염된 사람을 어떻게 구하는지를 숨겨놓고 있다. 그 해결 방법이 바로 예수 그리스도이며 그의 모습을 상상할 수 없는 사람들을 위해 하나님은 예수 그리스도를 나타내는 모형이자 세세한 그림으로 구약의 말씀들을 적게 하신 것이다.

예수님이 모든 계명을 새롭게 하신다고 하면서도 이 세상이 끝나기 전까지는 율법의 일점일획도 사라지지 않을 것이라고 말씀하셨던 것은 예수 그리스도로 인해 공의가 실현될 길이 열렸으나 하나님의 성품 자체는 절대 변하지 않을 것을 표명하신 것이다.

김주원이 깔끔을 떠는 성품을 바꾸지는 못하지만 길라임의 집에 들어가 그 집을 깨끗하게 하고 인테리어를 바꿀 수 있는 계획을 행할 수 있다.

인테리어를 다시 하거나 집을 깨끗하게 하는 일이 원천적으로 김주원에게 있던 성품을 바꾸지 못하는 것처럼 인간을 사랑하시고 죄를 끔찍하게도 싫어하시는 하나님의 성품은 결코 바뀔 수 없다. 이 때문에 하나님은 이스라엘의 영토가 확장되는 것을 원하지 않으셨다(시 16:6).

이스라엘의 역할은 그의 이름을 소개하고 하나님의 형상을 모든 인류에게 보여주는 데 있었다. 그들은 세상에서 가장 작은 민족이기에 광야의 훈련이 가능했고, 그들의 욕심을 단련시켜 하나님의 진짜 꿈을 보여주는 왕으로 한 사람 한 사람을 성장시킬 수 있었다.

하나님이 말씀하시는 율법의 형상이 그 민족에게 완전히 흡수되어야만 했다. 만약 나라가 너무 크다면 이런 일은 불가능했을 게 분명하다.

이렇게 이스라엘이라는 나라는 성장했고, 예수님의 시대에선 율법의 도리가 그 민족에게는 관습처럼 되어버려 세리나 창기라고 할지라도 하나님이 어떤 성품을 가졌는지 알 수 있을 정도였다.

하나님은 앞으로 예수 그리스도를 통해 전파될 교회를 준비하시기 위해 하나의 민족을 끈질기게 훈련해 그가 신으로서 가진 모습을 각인시켰다.

메시아가 어떤 일을 해야 하는지 또 어떤 존재인지 이스라엘 민족보다 더 잘 알고 있는 민족은 없었다. 이러한 형태의 민족이 작은 점처럼 도사리고 있었던 곳이 바로 지금의 영토였다.

이스라엘, 갑순이와 갑돌이들

이스라엘은 지리적으로 매우 중요한 곳이었다. 메소포타미아 문명과 이집트 문명 그리고 유럽의 문명이 충돌하는 기이한 위치에 있었던 덕에 이스라엘이 지니고 있던 신의 형태와 교회의 모습은 이러한 지리적 이점을 통해 자연스럽게 동서양으로 흘러갈 수 있었다.

바벨론, 페르시아, 그리스, 로마에 이르기까지 이스라엘은 끊임없는 박해를 받고 속국의 형태로 존재했다. 그럼에도 그 가운데 살았던 다니엘, 에스더, 느헤미야 같은 사람들은 교회의 명맥을 유지할 뿐 아니라 하나님의 이름을 전파하는 데 큰 역할을 했다.

예수님의 탄생을 제일 먼저 알았던 사람들은 이스라엘 사람들이 아니라 동방의 박사들이었다. 이것은 다니엘과 같은 이스라엘의 고대 학자들이 아니었다면 있을 수 없는 일이었다. 왜 자신들과 상관도 없는 이스라엘의 왕을 맞이하러 먼 타국까지 와 그를 경배하겠는가. 결국 예수 그리스도라는 교회의 완성과 탄생은 전 세계의 길을 뚫고 있었던 로마라는 통로를 통해 무섭게 전파될 수 있었다.

로마를 가본 적이 있는 사람이라면 분명히 느낄 수 있었을 것이다. 콜로세움에도 길거리에도 십자가가 널려 있다는 사실 말이다. 매해 바티칸 성당엔 베드로의 무덤을 보기 위해 몇십만 명이 몰려든다. 무명의 크리스천들을 보기 위해 카타콤이라는 지하무덤엔 하루에도 몇백 명의 관광객이 몰려든다.

이상한 현상이다. 예수라는 사람과 그의 제자들은 이탈리아의 독립을 위해 애를 쓰거나 이탈리아라는 나라를 위해 뭔가를 공헌한 사람들이 아니다. 심지어 그들은 이탈리아 사람도 아니지만 예수의 이름과 그를 위해 살았던 사람들은 가장 화려했던 도시 로마에서 가장 유명한 존재가 되어 버렸다. 그것도 2000년 가까이 말이다.

이스라엘이 만약 영토 확장을 했더라면 그래서 더 많은 사람으로 민족을 채웠다면 이런 일은 일어날 수 없었을 것이다. 메시아가 나타나는 일을 꿈으로 받아들이기까지의 수고로움은 상상할 수도 없다. 게다가 그 많은 사람들에게 율법은 버릇 같은 것이어야 하고 메시아는 그들의 최종적인 나라여야 했다.

잘 배우지도 못한 12사도들이 전 세계를 집어삼킬 수 있었던 것은 그들이 바로 이스라엘 사람들이었기 때문이었다. 그들 중 누구 하나 안식일에 뭘 하면 안 되는지 모세가 누군지 죄를 지으면 어떻게 되는지 모르는 사람들은 없었다.

그렇지 않았다면 바리새인들이 예수님에 대해 하는 말을 이스라엘 사람들은 하나도 알아듣지 못했을 것이다. 메시아에 대한 간절한 꿈이 없었다면 굳이 예수님을 죽이려 들지도 않았을 것이다.

예수님이 말씀하셨던 의미를 알아들을 수 있었던 훈련된 밭이 그들의 민족성 안에 있었기 때문에 그들은 신명 나게 예수 그리스도를 설명하고 사람들에게 선포할 수 있었다. 하나님이 처음부터 말씀하셨던 교회라는 의미가 무엇인지 고개를 끄덕이며 무릎을 때리고 손뼉을 칠 수 있었다.

그들보다 예수님의 탄생과 나타나심을 기뻐할 수 있는 민족은 없었다. 예수님의 나라가 영원한 것임을 알리기 위해 하나님이 그들을 선택하셨음을 이스라엘 민족이야말로 제일 먼저 눈치챌 수 있었던 것이다.

그들의 벅찬 흥분은 로마라는 세계의 길을 통해 급속도로 퍼졌다. 그런 일이 일어난 지 2000년이나 지났지만 아직도 예수 그리스도라는 이름은 세상에서 제일 유명하다. 제일 잘 팔리는 베스트셀러가 성경책이고 유럽과 미국과 세계 곳곳에 예수 그리스도의 이름으로 건물이 올라간다.

아브라함이라는 형태를 통해 하나님이 하시고자 하셨던 일. 그의 자손을 통해 하나님의 의와 공도를 행하게 하려는 일. 천하 만민에게 그의 복을 전하는 일이 그 오랜 세월을 견디고 마침내 온 땅을 덮기 시작한 것이다.

그 일이 완벽하게 이뤄지지는 않았더라도 최소한 우린 그러한 소식을 들을 수 있지 않게 되었는가. 이것이 아브라함이라는 형태, 이삭과 야곱과 그의 민족을 탄생시키시고 출애굽 하게 하셔서 성막을 만드신 이유다.

솔로몬으로 하여금 성전을 만들게 하시고 그 뒤로도 두 번의 성전 건축을 더 하게 하시고 예수 그리스도의 이름으로 건물들을 세우도록 허락하신 이유다. 이스라엘.

하나님을 향해 고개를 들고 그의 나라를 침노하려는 갑돌이 갑순이들을 하나님은 아직도 찾으시고 그들을 인도하신다.

하나님에 대한 소개를 받고 싶은가. 교회로 가기를 추천한다. 그에 대해 더 알고 싶은가. 거기에서 실망할 수도 있고, 사람들의 부족함에 고개를 저을 수도 있지만 최소한 하나님이 오래 전부터 약속하셨던 것이 무엇인지 그분이 어떤 분인지에 대해선 알 수 있을 것이다.

누구든 믿기만 한다면 그는 하나님께 갑질을 할 수 있는 갑순이 갑돌이들, 이스라엘이 될 것이다.

Chapter 6

사랑, 사랑에 빠지다

1 / 성은이 망극하옵니다

내가 백성을 사랑하지 않는다고?
아니, 난 그들을 사랑한다.
어찌 내가 그들을 사랑하지 않는다고 말할 수 있겠느냐.
이렇게 가슴이 아픈데

_뿌리 깊은 나무 中

인간의 미로

사랑 이야기에서 가장 중요한 첫 번째 장면은 넘어간 것 같다. 남자는 여자에게 자신의 모습을 소개했고, 여자는 그가 누구인지에 대해 알게 되었다. 하지만 러브 스토리의 가장 중요한 단계는 아직 오지 않았다.

여자는 이제 사랑에 빠져야 한다.

하나님은 이미 인간에게 빠져들었지만 인간은 아직 하나님이 미덥기만 하다. 미덥다는 뜻은 그러니까 아직 하나님에게 마음을 열지 못했다는 뜻이다.

인간은 참 희한한 존재다. 여자들은 남자가 잘생겼다고 해서, 혹은 그가 돈이 많거나 능력이 많다고 해서 그와 사랑에 빠지지 않는다. 조건이 맞아 혹은 상황에 따라 그와 결혼을 할 수도 있겠지만 정말 마음을 연다는 건 좀처럼 쉬운 일이 아니다.

아무리 잘생긴 사람도 유머가 없어서 싫다거나 아무리 똑똑하고 능력이 많은 남자도 착하지 않아서 싫어지는 경우가 있다. 생긴 건 별론데 너무 재밌다거나 친절해서 사랑에 빠지는 경우도 있고, 아무것도 없는데 그냥 잘생기기만 해도 사랑에 빠진다.

그건 여자가 아니라 남자도 마찬가지다.

꼭 여자가 예뻐야만 사랑에 빠지지 않는다. 남자의 눈에 어떻게 예쁘게 보이느냐가 중요하다. 몸매가 예뻐서, 얼굴이 예뻐서, 마음이 예뻐서, 손이 예뻐서, 머리카락이 예뻐서라는 이유들 때문에 사랑하게 됐다고 말한다. 이런 현상들을 보면 인간의 마음은 참으로 알다가도 모를 미로로 가득 채워져 있는 것 같다.

하나님이 작은 이스라엘을 통해서 자신을 소개하신 건 인간의 이런 마음의 미로 때문이 아닐까. 작지만 큰, 똑똑한 것 같지만 미련한 그들을 통해서 말이다. 모든 것을 창조하셨고, 모든 것을 견디시고, 모든 것을 판단하시고, 모든 것을 아시지만 질투하시고 후회하시고 사랑 앞에선 바보가 되어 버리는 모습도 부러 나타내시는 것 같기도 하다.

사람들의 마음에 세워진 미로는 어떤 사람으로 하여금 똑똑한 성보라 보다 덕선이를 사랑하게 하고 반대로 덕선이보다 성보라를 더 좋아하게도 한다. 완벽하게 모든 것을 감싸준다고 해서 상대를 사랑하게 되는 건 아니다. 때론 나쁜 남자나 나쁜 여자가 더 많은 사랑을 차지하기도 한다.

인간의 미로가 가지고 있는 수많은 이면들을 아시는 하나님은, 그래서 모든 인간 하나하나와 다른 러브 스토리를 가지신다. 사랑에 빠지는 방식도 시기도 모습도 다르다. 하나님은 그렇게 만나길 원하시고 또 그들은 각각 독특한 만남을 갖게 된다.

그러나 사랑의 형태엔 단지 남녀 간의 사랑만 존재하진 않는다. 하나님이 성경의 상당 부분을 남녀의 사랑으로 표현하신 건 맞지만 하나님의 사랑이 만들 수 있는 많은 모습들은 또 다른 형태로 아름답게 피어난다.

사랑하면 아프다

다시 한번 〈뿌리 깊은 나무〉를 가지고 와 보자. 그중 가장 감격스러운 장면을 꼽으라면 뭐니 뭐니 해도 똘복이와 세종대왕의 화해다.

왕을 죽이는 것이 삶의 목적이었던 똘복이. 그가 무술을 갈고 닦은 이유, 그가 살아남았던 유일한 이유는 그의 평생 원수인 왕을 죽이는 것이었다. 하지만 왕은 그걸 알고도 똘복이를 받아들인다. 그의 마음을 설득하기 위해 기다리고 달래고 싸우기도 한다. 그러던 중 똘복이는 왕이 만들었다고 하는 글자를 보게 된다. 읽기도 쉽고 쓰기도 쉬운 이 글자. 백성이 쓸 수 있는 글자. 왕을 믿지는 않았지만 왕이 만들어 낸 글자를 보며 똘복이는 생각한다.

'어쩌면…왕이 정말 우리를 사랑하는 건지도 모르겠다.'

그 때부터 똘복이는 왕을 위해 그리고 사랑하는 여인을 위해 목숨을 걸고 글자 반포를 위해 나선다. 왕은 그에게 암행어사들이 쓰는 마패를 주며 잘 부탁한다고 말한다.

그때 똘복이는 왕에게 말한다. "제가 한 번도 성은이 망극하다고 말씀드린 적이 없지요?" 그러자 왕이 피식 웃으며 장난스레 묻는다.

"왜? 성은이 망극하냐?" 똘복이는 진심을 담아 정중히 고개를 숙이며 말한다. "성은이 망극하옵니다." 이 장면에서 눈물이 핑 돌았다. 왕을 죽일 듯이 미워했던 그가 도리어 고개를 숙이는 장면은 그 어떤 로맨스와 비교되지 않을 만큼 낭만적이었다.

그러나 이러한 결과는 수많은 고통의 시기를 지나야만 볼 수 있다. 우린 어쩌면 하나님에게 똘복이와 같은 존재인지도 모른다. 말하자면 우린 하나님께 상처의 모든 책임이 있다고 생각하는 똘복이들이다. 그만큼 많은 상처를 안고 살아가는 존재가 인간이다.

사랑했던 사람이 죽은 이유, 부도가 난 이유, 한순간에 장애를 가진 이유, 억울하게 누명을 쓴 이유가 하나님이라고 생각한다. 세상이 끝나버릴 것 같은 순간에 인간은 부르짖는다. 그때 희한하게도 하는 우리가 입버릇처럼 하는 말은, "Oh my God!"이다. 생각해보면 예수님도 십자가 위에서 이 말을 하셨던 것 같다. "엘리 엘리 라마 사박다니! (나의 하나님, 나의 하나님 어찌하여 나를 버리셨나이까!)"

이런 말은 혹 인간에게 일어난 불행의 원인이 하나님께 있다고 부르짖는 걸까. 무의식중에 자연스럽게 흘러나오는 말 치곤 참 거창하다는 생각이 들면서도 의아하다. 하필 하나님이라니.

자신에게 닥친 모든 불행에 대한 책임이 하나님께만 있다고 생각하는 똘복이들은 하나님을 향한 복수심과 분노로 무장한다. 그래서 어쩌면 사람들은 진화론을 지지하는 건지도 모른다. 아예 처음부터 신은 없다고 생각하거나 혹은 신은 우리들의 망상일 뿐이라는 믿음으로 우리들의 상처를 외면하려고 하는지도.

똘복이가 가진 상처가 어떤 이에겐 별로 깊게 느껴지지 않을 만큼 인간이 가진 상처들은 아프기 짝이 없다. 원망의 대상이 눈앞에 존재해 확실하게 원망할 수 있는 사람들도 있지만 그렇지 않은 사람들도 있다. 누군가를 원망하고 싶은데 그럴 수 없을 때 신을 원망한다.

인간은 늘 신과 화해를 하거나 혹은 싸우거나 하는 것 같다. 심지어 신이 없다고 생각하는 사람들조차 자신만의 신을 만들어 의지하고 원망하는 어떤 관계를 맺는다.

어떠한 관계든 싸움이 나면 둘은 각각 자신의 상처를 더 크게 생각하게 마련이다. 내가 가지고 있는 상처가 너무 크게 보여서 상대가 가지고 있는 상처가 어떤 모습인지 거의 생각하지 못하게 된다.

그래서 똘복이가 미워하는 왕도 상처가 있었다. 난 하나님이 완전하시니까 상처가 없다는 생각은 하지 않는다. 사랑은 반드시 아픔과 증오를 포함한다. 질투는 사랑할 때 제일 못난 모습 같지만 이게 없다면 그는 혹은 그녀는 나를 사랑하지 않는 것이다.

내가 다른 이성과 팔짱을 끼고 가는데 나를 사랑한다고 하는 사람이 그걸 보고도 어깨를 으쓱하며 지나간다면 그건 절대 나를 사랑하는 것이 아니다.

그런 일이 없더라도 그런 일이 없게 하려고 질투나 미움 같은 것은 반드시 있어야 한다. 상대가 질투한다는 걸 알거나 무엇이 미워하는 행동인지 안다면 나는 마음 놓고 바람을 피우게 되진 않을 것이다. 사랑 안엔 반드시 그렇게 힘들고 아픈 감정도 있어야만 한다.

그렇다면 질투도 느끼고 미워도 하고 아파도 하고 후회도 하는 완전한 그 존재가 가지고 있는 상처는 어떤 것일까.

하나님이라는 거대한 존재에 대해서 생각을 하려니 너무 어려운 그림인 것 같아 다른 프레임을 그려 보겠다.

우리 눈앞에 한 사람이 서 있다. 그는 인류의 시작부터 끝까지 일어났던 모든 일을 기억하고 있다. 기억 상실이라는 게 없는 그가 서 있는 공간은 시간이 무한한 영원이며 그는 사랑하고 있지만, 결코 식지 않는 사랑을 가지고 있다.

아기가 태어났을 때의 감격이라든가 혹은 처음 연인을 사랑하게 되었을 때 느꼈던 기쁨은 그에게 사라지지 않는 감정이다. 대신 상대가 배신하거나 바람을 피웠거나 혹은 아들을 죽였거나 했을 때의 아픔의 크기 또한 조금도 줄어들지 않는다.

하나님의 아픔은 인간이 태어나자마자 시작되었다. 그 아픔은 지금까지 지속하고 계속 쌓여가고 있다. 인류의 역사가 너무나 참혹해 인간으로 인한 기쁨보단 아픔이 더 많이 쌓여 있을 것 같다는 상상을 해본다.

내가 믿기로 하나님은 아프고 괴롭고 외로운 신이지만 사랑을 포기할 줄 모르는 신이다. 그가 앉은 천국의 한 가운데는 그에겐 쉴 새 없는 지옥이다. 사랑하기에 버릴 수 없지만 그래서 끊임없이 지옥처럼 아프다.

뿌리 깊은 나무의 담이는 이렇게 말한다.

"전하의 상처는 오직 똘복 오라버니만이 똘복 오라버니의 상처는 오직 전하만이 고칠 수 있습니다."

담이의 말처럼 하나님의 상처는 인간만이 고칠 수 있고, 인간의 상처도 결국 하나님만이 고칠 수 있다.

상처받은 자들의 선택

〈뿌리깊은 나무〉 드라마에서 나오는 중요 인물들은 왕을 기준으로 해서 두 부류로 나눌 수 있다. 왕, 똘복이 VS 정기준.

드라마 상 그들은 어쩔 수 없이 벌어진 상황에서 상처를 받은 사람들이다. 왕도 똘복이도 정기준도 상처로 인한 선택을 하고 그에 대한 쓰디쓴 열매를 먹는다. 드라마가 아닌 현실에서 사는 우리들도 마찬가지다. 나는 누군가의 선택으로 상처를 받으며 살아왔고 살아가고 있다. 어떤 건 상처의 주인공이 사람이지만 어떤 건 신이라고 생각할 수도 있다.

시간이라는 흐름에서 각자는 다른 이들로 인한 쓴 뿌리를 얻고, 그로 인해 또 누군가에게 상처를 준다. 수많은 원인들이 만든 쓴 열매들을 인간은 매일 매 순간 흡입한다. 이러한 쓴 뿌리들은 어떤 이를 똘복이가 되게 하기도 하고 혹은 정기준이 되게 하기도 한다. 인간의 인생은 상처를 받은 후 인생에서 무엇을 선택하며 살아가느냐로 결정이 되는 것 같다.

상처를 받고 난 다음 우리가 한 선택에 대한 책임을 지며 살아가는 것이다. 이것이 우리를 어떤 부류의 사람으로 만들지를 결정한다. 해리포터의 머리를 장식했던 말하는 모자가 그를 슬레더린이 아니라 그리핀도르로 결정한 이유와 비슷하다.

똘복이가 될지 그리핀 도르가 될지 슬레더린이 될지 정기준이 될지는 인간 개개인이 선택할 수 있다. 상처가 있어도 좋은 걸 선택할 수 있고, 상처를 이유로 나쁜 걸 선택할 수도 있다.

그러나 상처를 이기고 좋은 것을 결정한다는 건 여간 힘든 것이 아니다. 쓴 뿌리의 깊이도 다르고 상처도 다르다. 특히 누군가가 아니라 병에 의해 혹은 자연 현상에 의해 생기는 상처들은 하나님이란 거대한 존재에게 상처를 입었다고 생각이 들게 마련이다.

우리는 그런 이들을 향해 왜 그까짓 것도 이기지 못하냐고 비난할 수 없다. 각자의 아픔은 오로지 그 사람만이 온전하게 이해할 수 있기 때문이다. 어느 누구도 그 상처를 완전하게 이해하거나 극복하는 방법은 알지 못한다. 세계 최고 권위의 정신과 의사조차 자살을 선택하는 세상이다.

상처 받은 똘복이는 어떤 결정을 했을까. 아버지가 죽었고, 사랑했던 담이도 사라졌다. 이 모든 불행의 시작이 왕이라고 생각했고, 그래서 그가 사는 이유는 왕을 죽이는 것이다. 그는 철저하게 상처받은 자였다. 그 상처는 왕을 죽일 때 비로소 치유될 것만 같았다.

상처를 입힌 사람이 그 사람이라고 생각했기 때문이다. 그가 미워하는 왕은 나쁜 사람이어야 했고, 백성을 하찮게 생각하는 불의한 왕이어야 했다.

그 왕이 지금 성군이 되었어도 소용이 없다. 왕이 했던 짓은 반드시 그 값을 치러야 한다고 생각했다. 그러던 그가 어느 날 왕이 만들었다고 하는 글자를 보게 된다. 똘복이는 자신이 납치한 왕의 아들에게 따진다.

"아니, 대체 그놈에 글자가 천자가 된답니까, 이천 자가 된답니까? 백성은 밥 벌어먹느라 바쁩니다. 대체 글자를 언제 배워 써먹겠다고 그렇게 기를 쓰고 만드는 거요?"

그러자 왕의 아들이 웃으며 대답한다. "스물 여덟 자."

놀란 똘복이는 이 글자에 관해 관심을 가지고 반나절 만에 배운다. 백성을 위해 편하게 만든 글자. 그것을 통해 권력을 나누려고 했던 왕. 백성이 원하는 것을 하게 하려고 노력한 왕. 그래서 백성을 사랑하는 왕. 이러한 생각의 전차로 똘복이는 결론을 짓는다.

'아, 그가 우리를 사랑하는구나. 그는 나를 사랑하는구나.'

똘복이는 왕의 진심을 보기 시작했다. 왕이 글자를 만들었던 이유를 믿기 시작했다. **왕이 가진 됨됨이를 보기 시작한 것이다.**

결국 그는 인생의 방향을 전환해 왕을 돕기로 결정한다. 정기준도 글자를 알게 된다. 그와 함께한 사대부들도 글자에 대해 알게 된다. 하지만 똘복이와는 생각이 달랐다. 그들은 백성들이 자신들처럼 글자를 알게 된다는 사실에 분노한다. 심지어 자살까지 하는 일이 벌어진다.

하잘것없는 백성이 글자를 통해 자신들처럼 뭔가를 진심으로 원한다는 것에 화가 났다. 노예처럼 생각했던 사람들이 양반들처럼 알고 쓰고 생각을 나눠 권력을 양산하는 것에 자존심이 상했다. 그들에게 왕의 진심은 사대부들의 권력을 빼앗는 못된 도구일 뿐이었다.

정기준은 왕의 진심을 오해했을 뿐 아니라 그가 틀렸다고 생각했고 사대부는 왕의 진심을 몰라서가 아니라 알기에 더욱 화를 냈다. 왕의 진심은 무엇이었을까.

왕은 백성이 스스로 권력을 양산하고 삼강오륜을 더 알기를 원했다. 그래서 더욱 아름다운 삶을 살기를 바랐다.

왕도 똘복이도 정기준도 그들이 선택할 수 있었던 길은 두 갈래였다. 왕의 진심을 따를 것이냐 혹은 진심을 거절할 것이냐. 이 진심을 결정하는 건 왕인 것 같지만 때론 왕도 자신의 진심을 의심하고 진심을 선택하는 것에 머뭇거린다.

각자가 가지고 있는 상처들 때문이었다. 다만 진심의 주인이 왕이었고, 진심의 편이 된 자들과 아닌 자들로 나뉘게 되었을 뿐이다. 진심의 나라에 속한 두 진영(왕과 똘복이)이 하는 사랑은 남녀의 사랑이라는 프레임으로도 이해할 수 있고 군신 간의 사랑, 부모와 자식 간의 사랑, 친구의 사랑으로도 이해할 수 있다.

글자 반포 때문에 자식을 잃어버리고 스스로를 의심하는 왕에게 똘복이는 정신을 차리라고 말한다. 왕은 똘복이가 죽을지도 모르는 상황이지만 잘 부탁한다고 말한다. 서로는 서로를 위해 목숨을 걸고 있다. 이렇게 서로를 위하는 행위들은 위에서 언급한 모든 종류의 사랑-연인, 군신, 부자, 친구-의 프레임에서 해석될 수 있다.

사랑이란 말은 넓고 오묘하며 깊어서 이러한 모든 관계를 그저 사랑이라고 표현해도 충분하다. 함께 일을 도모했던 신하들과 똘복이와 담이가 죽었을 때 왕은 자신을 대적한 정기준 앞에서 이렇게 오열한다.

"내가 백성을 사랑하지 않는다고? 아니, 난 그들을 사랑한다. 어찌 내가 그들을 사랑하지 않는다고 말할 수 있겠느냐. 이렇게 가슴이 아픈데."

정말 웃픈 사실은 진짜 **사랑한다면 아프다는 거다**. 내가 사랑하는 사람만큼 나를 아프게 할 수 있는 존재는 없다.

일 때문에 거래하는 사람들 사이에서 다툼이 일어나면 그저 화가 날 뿐이다. 그냥 관계를 끊거나 이렇다 저렇다 따지거나 혹은 법정 공방까지도 갈 수 있지만 내 마음을 아프게 하는 건 아니다. 그러나 자식이 나를 아프게 하면 자식과 관계를 끊을 수도 그를 죽일 수도 없다. 나의 사랑을 전적으로 받는 상대는 나를 심하게 아프게 할 수 있는 무소불위의 권력을 가지고 있다.

그것이 남녀 간이든 부모 자식 간이든 군신간이든 친구 사이든 서로를 사랑하게 되는 마법에 걸려든 순간 그 관계는 무서운 시기를 준비하고 있어야 한다. 선악과를 먹어버릴 때, 30억의 유혹이 다가올 때, 상대가 무소불위의 권력을 휘두를 때.

이로 인해 받을 상처들을 각오해야 한다. 심장을 칼로 찌르는 것처럼 아픈 사랑을 하는 인어공주가 될 준비를 해야 한다. 희한하게도 모든 인간은 그걸 느낄 수 있다. 불행인지 다행인지 모르지만 아무리 어린 아이라도 아무리 멍청한 바보라도 인간이라면 상처받는 것이 무엇인지, 사랑을 받는 기쁨을 알고 사랑을 잃어버렸을 때의 고통을 이해한다.

인간의 완전한 모습을 가지고 있는 하나님도 마찬가지다. 하나님을 가장 많이 상처 낼 수 있는 존재는 온 우주에 인간이라는 존재 하나다. 하나님이 만들어낸 알고리즘은 우리의 영혼과 그의 영을 움직이는 암호와도 같다. 그 속에서 상처를 받지만, 신기하게도 하나님과 우리는 계속 사랑을 원한다. 그걸 원하지 않는 사람은 아무도 없다.

하나님과 사랑을 한다는 건 어쩌면 서로를 향한 증오와 아픔과 상처를 껴안고 서로를 통해 치유를 받는 과정인지도 모른다. 사랑하는 여인을 위해 영혼을 바꾸는 김주원이 된다거나, 인어공주가 되어도 여전히 김주원을 사랑하는 길라임이 된다거나, 30억의 유혹으로 딸을 죽인 친구를 받아들인다거나, 암살하러 온 똘복이의 마음을 얻기 위해 노력을 한다거나, 바람 핀 배우자를 받아들인다거나, 부모의 돈을 다 쓰고 돌아온 아들에게 입 맞추는 것 같은 그런 아픈 이야기를 가슴에 간직한 관계들인 것이다. 오해를 받는 김주원이 되든 오해를 받는 세종대왕이 되든 상관없다. 하나님에겐. 왜냐면 하나님의 상처도 결국 인간에게서만 치유될 수 있기 때문이다.

하나님이 인간에게 끊임없이 말했던 아들에 관한 '꿈'도 어쩌면 그의 상처에 관한 것인지도 모른다. 그리고 어쩌면 우리들의 상처에 대한 대답이기에 그런 꿈을 이야기한 건지도 모른다. 하나님이 반포하신 글자 즉, 그의 진심은 그가 오랫동안 우리에게 말씀하신 아들이란 꿈에 있음을 확신한다.

왜냐면 그가 이 세상에 태어나게 하신 '아들'에 관한 이야기는 그의 상처가 가진 열매인 동시에 우리들의 상처를 보듬어줄 울타리이기 때문이다. 열매는 살을 찢고 나오는 태아처럼 하나님의 상처를 찢고 태어났다. 많은 이들의 죽음 끝에 훈민정음이 탄생한 것처럼 하나님의 진심은 그렇게 세상에 나왔다.

영혼에 새겨지는 글자가 하나님의 진심에 대해 말하기 시작한 것이다. 또한 그 언어는 하나님에게 진심으로 인간의 상처에 대하여 말하게 한다. 똘복이처럼 따지고 화내고 상처의 면모들을 조목조목 이야기하게 한다.

정말 쉽고 간단해 보이는 언어지만 이 언어의 알고리즘은 깊고 넓고 높으며 길다. 서로의 상처가 그러한 만큼 말이다. 그 깊은 상처를 감싸는 사랑의 말 한마디는 결국 이렇게 말할 것이다.

"똘복아 난 너를 사랑한다."
"성은이 망극하옵니다."

2

아들의 꿈

그 섬세하고 거대한 꿈은
사랑이라는 부드럽고도 강한,
아름답고도 무서운 힘과 지혜로 인해
가동되고 움직이며 목표를 향해 날개를 핀다.

_본문 中

패션 오브 크라이스트

채찍에 피가 묻어난다. 주위로 나의 피가 튀는 것이 보인다. 살갗을 파고드는 긴 가죽, 그 채찍에 붙은 날카로운 쇠로 된 가시들은 나의 피부를 물고 뜯는다. 사람들의 눈빛이 나의 심장을 뚫어낼 것만 같다. 채찍보다 더 고통스러운 건 나를 향해 퍼붓는 사람들의 저주와 욕설이다.

"아버지 준비되었습니다." 이를 악물고 돌기둥에 묶여 채찍을 맡기 시작할 때 했던 말이지만 난 아직 준비가 덜 된 것 같은 느낌이었다. 난 아직 버림을 받고 싶지 않다.

나의 영혼이 지옥 밑바닥으로 떨어지는 일을 과연 받아들일 수 있을까. 채찍의 강도는 세졌다. 도끼가 내 등을 찍어 내리는 것 같지만 불행히도 나는 계속 살아 숨을 쉬고 있다. 이런 고통스러운 순간들이 빨리 끝나기만을 기도할 뿐이다.

온몸이 덜덜 떨리고 눈앞으로 피가 흐른다. 머리를 짓누르는 가시 면류관이 나의 뇌를 파괴하는 것만 같다. 영혼이 버틸 힘까지 다 앗아가고 있지만, 아버지가 놓으라고 하실 때까지는 끝까지 붙잡고 있어야만 한다.

더 이상 서 있을 수 없을 만큼 힘이 빠져 돌바닥에 누워있을 때 군인은 나에게 욕설을 퍼부으며 양팔을 들고는 나를 질질 끌고 간다. 눈앞엔 교차한 두 개의 나무 기둥이 날 기다리고 있었다. 군인들은 나에게 그걸 짊어지라고 소리쳤다.

거대한 두 덩어리의 나무가 어깨를 짓누른다. 며칠째 밥도 먹지 못하고 물도 먹지 못한 데다 채찍으로 피에 들러붙은 옷이 따가워 나무 기둥은 나를 짓이기는 돌덩이 같다. 저 언덕 위가 하늘 같다. 내가 죽을 자리라고 하는데 차라리 빨리 가버렸으면 싶다. 도저히 이 무거운 것을 이고 저기까지 올라갈 자신이 없다. 나는 무릎을 꿇고 말았다. 로마의 군인이 나를 향해 고함을 지른다. 일어나라고 하지만 다리가 후들거려 다시 쓰러지고 만다.

'시몬.'

난 그가 나와 함께 이 길을 갈 것을 알고 있었다. 군인이 지나가던 시몬을 붙잡았다. 그의 얼굴은 흙빛이 되어 내가 진 이 무거운 것을 같이 지고 가는 것에 진저리를 쳤지만 군인의 강요에 어쩔 수 없이 나와 어깨를 나란히 했다. 난 그를 쳐다보며 힘든 미소를 아주 작게 흘렸다. 방긋 웃고 싶었지만 그럴 수 없었다. 얼굴 근육도 마비가 된 것 같다.

하지만 그나마 행복한 순간이다. 처음엔 억지로 나를 돕는 것 같았지만 곧 진심으로 나를 돕고 싶다는 열망을 볼 수 있었기 때문이었다. 그의 기운이 저 언덕으로 나를 이끈다. 사람들의 수군거림이 내 귓가에 들린다.

"만일 저 인간이 메시아라면 어떻게 저 지경이 될 수가 있지?"

온 세상은 나를 향해 잘못된 길을 가고 있다고 손가락질을 하는 중이다. 그리고 그들은 나를 미워하고 있다. 한때는 나를 사랑했던 그들이 나를 향한 증오와 미움으로 무장하고 욕을 한다. 침을 뱉고 있다. 지금도 마귀는 내 눈앞에서 나를 유혹하고 있다. 사람들은 보지 못하지만 난 볼 수 있다. '지금이라도 그걸 내려놔라. 그리고 너의 모습을 보여줘. 뭐 하는 거야! 네가 하나님의 아들이라는 걸 증명하라고. 너의 신비로운 모습을 보여주면 그들은 언제 그랬냐는 듯이 너를 사랑하게 될 거야.'

난 고개를 젓는다. 그리고 눈을 부릅 떠 마귀를 노려본다. 그리고 속으로 중얼거린다. '아니, 난 너에게 속지 않는다. 너도 나도 내가 이 길을 포기하지 않았을 때 일어날 일을 알고 있지. 그게 아니라면 네가 이렇게 내게 애를 쓸 이유가 없어. 그래서 난 이 길을 포기하지 않는다. 사랑은 그렇게 얻어지는 게 아니니까.'

골고다 언덕에 이른 난 내가 지고 온 나무 위에 눕는다. 두꺼운 못이 나의 양손을 뚫는다. 양발은 포개지고 발등의 뼈를 가르는 두꺼운 못이 주는 고통은 상상을 초월했다.

하늘이 어두워진다. 숨은 고통스럽게 줄어드는 중이다. 희미해진

시야로 아버지가 나에게서 등을 돌리는 것이 보인다. 이제 끝이구나.

"엘리 엘리 라마 사박다니!"

그는 나를, 아들인 나를 버렸다. 정말로 버린 것이다. 이 모든 상황을 벗어날 수 있는 선택권이 내게 있었지만 그럼에도 하지 않았다. 그래서 일어난 일이었고, 이 일이 어디까지 나를 데려다 놓을지 예상했지만 고통스러웠다. 세상 모든 이가 나를 버렸고, 아버지가 나를 버렸다. 나는 완전한 죽음에 이르렀다.

나는 다 이뤘다.

*

글쎄. 나의 이런 상상이 과연 예수님의 당시 생각에 접근이나 할 수 있는지는 모르겠다. 어쩌면 〈패션 오브 크라이스트〉라는 영화를 본 나의 감상문일지도. 어쨌건 이 장면은 내가 본 드라마에서 최절정을 이루는 사건에 속한다.

두 남녀가 서로를 알아갔고, 사랑에 빠졌다. 결국 김주원이 코마 상태에 빠진 길라임의 영혼과 자신의 영혼을 바꿀 때, 혹은 TV 드라마 〈뿌리깊은 나무〉에서 세종대왕이 훈민정음 창제로 인해 아들 광

평대군을 잃었을 때라고나 할까.

솔직히 내가 본 드라마에서 느꼈던 어떤 슬픔과도 비교도 안 되는 엄청난 슬픔 그 이상의 무엇이 십자가 사건 안에 흘러넘친다. 그렇지 않다면 어떻게 20세기가 지나도록 그 수많은 사람들의 인생을 송두리째 바꿔 놓을 수 있겠는가. 나를 포함해서 말이다.

이 일은 하나님의 꿈이 이뤄지는 사건이었다. 동시에 하나님의 고백이 세상을 향하여 터졌던 사건이기도 하다. 하나님의 꿈과 사랑이 뒤엉킨 하나의 나라는 세상에 비로소 모습을 드러냈지만, 세상에서 가장 잔인한 처형 방식인 십자가 위에서 마지막 숨을 거뒀다.

정말 아이러니하지 않을 수 없다. 하나님은 아브라함을, 이삭을, 이스라엘인 야곱을 통해 그리고 그 후손에, 후손에, 후손을 통해 결국 그 많은 세월을 거쳐 예수 그리스도를 탄생시키셨다. 자그마치 2000년이 넘는 세월 동안 준비하셨던 그 꿈이 겨우 세상에 나왔다고 성경은 말한다. 하지만 그 결국이 십자가란다.

혹 이 사람은 메시아가 아닌 것이 아닐까.
정말 그가 하나님의 꿈이자 사랑의 실체일까.
이런 질문을 해보지 않을 수가 없다.

십자가

그런데도 예수 그리스도는 이 십자가의 사건 하나로 그를 따르는 어마어마한 무리를 일으키셨다. 그것도 2000년 동안 꾸준히 말이다. 심지어 그가 사라진 후에 그 일은 끌 수 없는 불길처럼 더더욱 타올랐다. 그 때문에 예수님을 연구하는 많은 학자들은 십자가의 사건이 의미하는 바가 무엇인지 연구하고 또 매달리고 묵상했다.

십자가를 놓고 쓴 논문은 셀 수 없이 많을 것이라 믿는다. 나 또한 예수님을 영접한 이후로 십자가에 대해 수없이 생각하고 또 질문을 던졌다. 언제나 감격으로 끝났고 그 뒤엔 또 다른 감격이 기다리고 있었다는 것을 기억한다.

하나님의 꿈인 예수 그리스도, 그리고 그의 가장 큰 사역이었던 십자가에 대해 아직도 어린 내가 써보려고 한다는 것은 어불성설이다. 이 사건에 대해 다 알 수도 없거니와 이것을 한 지면에 쓴다는 것은 불가능하기 때문이다.

그런데도 난 쓰려 한다. 이 사건이 다만 지식이 풍부하고 나이가 충분히 든 어른들만 이해할 수 있는 것이 아니라 말을 이제 시작한 어린아이에게도 이해가 되는 것을 보았기 때문이다. 왜 예수 그리스도가 하나님이 약속하신 후손이며 메시아인지 그리고 그가 왜 굳이 다른 형틀이 아닌 십자가를 지셔야 했는지를 이제부터 적어보려고 한다.

이것을 읽는 독자들이 분명히 알아야 할 것은 이 해석은 성령께서 나를 감동하게 함으로 주신 것이지만 이 또한 완전하지 않을 수 있음을 알려두려 한다.

이 해석을 쓰는 이유는 내가 쓰는 이 책이 하나님이 세상을 만드신 알고리즘을 설명하기 위해 인류의 처음부터 교회의 성장 단계를 더듬더듬 짚으며 이 사건까지 왔기 때문이다.

하나님이 관여하신 역사 끝에 일어난 꿈의 사건이 왜 어떻게 이뤄졌는지를 알아야만 예수님의 십자가가 어떤 의미인지를 이해할 수 있기 때문에 이 해석을 제시하고자 한다. 감히 말이다.

신약 성경의 첫 번째 책 마태복음 1장은 예수 그리스도의 계보로 시작한다. 참 요상한 시작이다. 누가 누굴 낳고 또 누가 누굴 낳고… 이걸 읽다보면 이 계보가 우리가 알아야 할 복음과 무슨 관련이 있나 싶다. 이 계보 이름을 다 외우라는 건가 혹은 이걸 꼭 알아야 하나 하며 다음 장으로 넘어가기 일쑤다. 하지만 이 계보는 예수 그리스도를 설명하는 데 있어 엄청나게 중요한 전제다.

십자가를 지신 메시아, 예수.

이 두 가진 단서는 하나님이 세상과 역사라는 시간 속에 설정해 놓으신 **이스라엘의 탄생**과 깊이 관련되어 있다. 이스라엘과 그의 아들들이 세상에 난 것은 마치 예언과도 같은 사건이었다. 우선 예수님의 계보를 살펴보자. 믿음의 조상이였던 아브라함 때부터 보자면.

아브라함의 처-사라~**이삭**

    첩-하갈~이스마엘

    후첩-그두라~시므란, 욕단, 므단, 미디안, 이스박, 수아

아브라함은 사라의 여종 하갈을 첩으로 뒀고, 사라가 죽은 후에도 그두라라는 후첩을 뒀다. 그들을 통해 많은 아들이 나왔지만 하나님이 약속하신 아들은 딱 하나, 이삭이었다. 그러면 이삭의 아들들을 보자.

이삭의 처-리브가~에서, **야곱**

여기서도 하나님의 약속은 에서가 아닌 야곱에게 흘러간다. 다 같은 아브라함의 자식이라고 다 약속의 아들이 아니며 이삭의 아들들이라도 다 같은 약속의 아들이 아닌 것이다(롬 9:7).

야곱 즉, 이스라엘은 매우 중요하다. 왜냐면 야곱을 비롯해 그의 아들들 모두가 교회의 구성원이 되었기 때문이다. 아브라함부터 삼대를 거쳐서야 비로소 하나님이 계획하신 **교회의 설계도의 뼈대**가 그려진 것이다.

누누이 말하지만, 구약은 예수 그리스도의 그림자이자 그를 보는 그림이다. 이 때문에 이들에 관해 깊이 들여다보는 것은 예수 그리스도를 자세히 보는 현미경을 들여다보는 것과 같다. 이스라엘과 이스

라엘 지파의 이름들은 메시아와 그 특징을 표현하는 예언적인 프레임이기 때문인다.

○ 이스라엘-하나님을 이긴 자

메시아가 가진 가장 중요한 특성이다. 예수님이 이 세상에 오신 이유기도 하다. 이 이름은 야곱이 하나님과 씨름해 이겨 얻은 이름이었다. 하지만 야곱은 실제 그를 이긴 것이 아니라 하나님이 그로 하여금 이기게 하신 것이다. 이것은 하나님이 앞으로 나타날 교회가 죄에 대한 하나님의 심판을 이기게 하실 것을 예표하기 위함이었다.

야곱은 이 일 후에 이스라엘이라는 이름을 얻었고 목숨을 건졌다. 사람이 하나님의 무서운 심판을 이기는 유일한 길은 오직 모든 율법을 이기신 메시아를 믿는 것뿐임을 하나님은 야곱을 통해 예시하셨던 것이다.

죄를 이길 수 있는 완전한 아들은 오직 예수님이며 그를 믿는 공동체가 곧 하나님의 교회다. 다음은 이스라엘의 아들들의 이름을 차근차근 살펴 볼 것이다. 메시아적 특성을 나타내는 이 이름들이 예수님과 어떠한 연관이 있는지를 성경 구절과 함께 나열해 보았다.

○ 르우벤-보라 아들이라

예수님은 하나님의 아들이다(막 1:1).

○ 시므온-듣다
예수님은 하나님의 음성을 듣고 행동하신다(요 12:50).

○ 레위-연합하다(제사장 지파)
예수님은 인간과 하나님을 연합하게 하는 제사장과 선지자의 역할을 하는 사람이다(요 17:22).

○ 유다-찬송(왕의 지파)
예수님은 찬송 받으실 하나님의 아들이다(엡 1:3).

그리고 다윗의 자손에서 나실 이라고 했기 때문에 메시아라면 반드시 이 지파에서 나야 한다. 예수님은 유다 지파에서 나셨다(롬 1:3, 히 7:14). 그리고 그는 왕의 지파에서 나신 이로서 영원한 왕이시다(계 1:5).

○ 단-심판
예수님은 모든 세상을 하나님을 대신해 심판하시는 권한을 가지고 있다(요 5:27).

○ 납달리-다투다, 싸우다
예수님은 우리의 죄와 싸우시는 분이다(계 2:16).

○ 갓-복, 행복

예수님은 좋은 소식이며 하나님이 주시는 복이다(엡 1:3).

○ 아셀-복된 자라고 칭찬하다

예수님은 그의 성도들로 하여금 복이 있는 자가 되게 하신다(마 25:34).

○ 잇사갈-값을 치르다

예수님은 인간의 죄의 값을 대속하시는 분이다(계 5:9).

○ 스불론-함께 거하다

예수님은 하나님이 우리와 함께 할 수 있게 하신다는 증거다(마 1:23). 임마누엘(하나님이 함께 하신다)은 메시아 곧, 예수님의 예언적인 이름이다(사 7:14).

○ 요셉-더하다(장자 지파)

예수님은 더하는 자이시다. 이 부분에 대해선 뒤에 가서 더 자세히 다루도록 한다. 어쨌거나 예수님은 그 분의 장자로서 나타나셨다(히 1:6).

○ 므낫세-잊어버리다

예수님은 하나님으로 하여금 우리의 죄를 잊어버리게 하신다(히 8:12). 므낫세는 요셉의 자식이지만 야곱의 아들들의 지파 반열에 들어가게 된다(창 48:5).

○ 에브라임-번성하게 하다

에브라임 또한 요셉에게서 난 두 번째 아들이지만 시므온과 르우벤처럼 야곱의 한 지파가 된다. 예수님은 그의 나라를 번성하게 하시는 분이다.

그의 복음은 이스라엘뿐 아니라 이방에까지 번성하게 된다. 이로 인해 모든 믿는 자들이 그의 후손이 되어 하나님의 자녀가 되게 하기 위해서다. 아브라함에게 모든 이방이 너로 인하여 복을 받겠다고 한 것은 그의 혈통에서 나올 약속의 자녀가 모든 민족으로 복음이 번성하게 하고 믿음의 의를 쟁취하게 한다는 뜻이다(엡 3:6, 갈 3:8).

○ 베냐민-오른손의 아들

예수님은 하나님의 우편에 앉아 계신다(히 12:3).

위의 내용들을 간단히 정리해 보면 이름 속에 예언된 메시아는 이렇다.

하나님의 심판을 이기고(이스라엘)

하나님의 아들이 되시며(르우벤)

하나님의 음성을 듣고 행하시며(시므온)

하나님과 연합하시며(레위)

영원한 제사장이 되시고(레위-제사장 지파)

영원한 찬송이 되시고(유다) 또한 왕이시며(유다-왕의 지파)

하나님이 주신 심판의 권한을 가지고 계신다(단).

우리의 죄와 싸우시며(납달리)

하나님의 복음이시며(갓)

우리를 복되게 하시며(아셀)

우리의 죗값을 치르시며(잇사갈)

우리와 함께 하시며(스불론)

하나님으로 하여금 우리의 죄를 잊게 하시며(므낫세)

하나님의 맏아들이시며(요셉-장자 지파)

이방에 그의 자녀를 번성하게 하시고(에브라임)

심판하러 다시 오시기까지 그의 오른편에 앉으신(베냐민) 분은 오직 예수 그리스도 한 분뿐이시다.

위에 설명하지 못한 요셉의 이름을 설명하자면 겔 37장 16절을 가지고 와야 한다.

> **인자야 너는 막대기 하나를 가져다가 그 위에 유다와 그 짝 이스라엘 자손이라고 쓰고 또 다른 막대기를 가지고 그 위에 에브라임의 막대기 곧 요셉과 그 짝 이스라엘 온 족속이라고 쓰고** 겔 37:16

이 구절은 두 개의 구간으로 나뉜다.

막대기 1 - 유다와 그의 짝 이스라엘 자녀들
막대기 2 - 요셉 = 에브라임의 막대기와 이스라엘의 집

하나님은 에스겔에게 두 막대기에 위와 같이 쓰게 하시고 두 막대기를 그의 손에서 하나가 되게 하라고 명하신다.

여기서 왜 요셉의 이름 뜻이 중요한지를 살펴보자. **요셉**이란 이름의 뜻은 '**더하다**'라는 의미다. 이것은 영어로 add(기존에 있는 곳에 다른 것이 첨가되는 것- 예: 우리 무리에 한 사람이 더 들어왔다) 혹은 plus 기호로 더하기(+) 즉, 무엇과 무엇을 연합하기의 의미로도 해석이 가능하다. 이것을 전제로 에스겔 37장 16절의 의미를 짚어보면 이와 같다.

막대기 1은 유다와 이스라엘 자녀(בן(ben)자손, 후손, 족속, 아들)라고 에스겔이 적는다. 이스라엘의 역사를 보면 다윗과 솔로몬 이후 르호보암 때 나라가 둘로 나뉜다. 남유다와 북 이스라엘로 갈리는데 북이스라엘은 일찍이 금송아지를 섬기고 이방의 여러 신을 받아들

임으로 인해 그들의 혈통적 신앙을 잃어버리게 된다.

그래서 북이스라엘은 남유다인들에게 이방인과 같은 존재나 다름 없었다. 유다는 바벨론에 의해 망하기 얼마 전까지 솔로몬의 성전을 차지하고 있었고, 여호와를 섬기는 온 세상의 장자 민족 즉, 선민으로서의 명맥을 이어갔다.

하나님이 에스겔에게 첫째 막대기 위에 쓰라 하신 두 개의 이름은 혈통적인 이스라엘의 명맥을 유지한 유다 민족인 **유대인**과 예수님을 믿음으로 이방에서 영적인 이스라엘로 옮겨진 믿음을 가진 **이방인**들을 뜻한 것일지도 모른다는 추측을 해본다.

막대기 1은 유대인(유다)과 이방인(이스라엘의 아들들)의 연합을 가리킨다는 것이다. 그렇다면 왜 굳이 유대인과 이방인이라고 적지 않았을까? 지금 시대에선 고개를 갸우뚱하겠지만 당시로선 하나님은 이렇게 적으실 수밖에 없었다. 이스라엘 사람들뿐 아니라 에스겔조차 아직 메시아가 어떤 사람인지 알지 못했거니와 이방인이 설마 메시아를 통해 이스라엘과 함께 복음을 누리리라고 상상조차 못 했기 때문이었다.

아마도 남과 북이 통일이 되려나 보다 생각할 수도 있었을 것이다. 예수님이 가지신 진짜 사명은 세상에 나타나시기 전까지 하나님의 중대한 비밀이었다. 이스라엘 사람들에게 메시아를 예언하셨지만 그의 진짜 의도는 감추어져 있었던 것이다.

בּן(ben)이라는 히브리어는 족속이라는 말로도 번역되지만 '아들'이란 말로도 번역된다. 예수님을 믿으면 그로 인해 하나님의 유업을 받을 후사 곧, 그의 아들이 된다고 성경은 말하고 있다(롬 8:13).

유대인들은 어디까지나 자기 민족만이 메시아의 유업을 함께 이루리라고 생각했다. 그들이 개만도 못하다고 여기는 이방인들에게 하나님의 복이 전파되리라고는 상상도 하지 못했던 것이다.

여기서 말하는 '아들'의 의미는 신약에 와서야 비로소 풀린다. 하나님이 이 구절에서 가리키는 이스라엘 족속은 예수님으로 인해 얻어진 영적인 자녀들 특히 이방인들을 뜻한다.

막대기 2를 보자.

요셉 곧 에브라임의 막대기라는 말과 이스라엘 온 집(house, temple)이라는 말이 적혀있다. 여기서 요셉을 다른 말로 표현하는데 이것이 곧 에브라임의 막대기(stick of Ephraim)라고 풀어 말씀하신다. 요셉이 에브라임의 막대기 혹은 지팡이라는 것이다. 이 말을 가만히 생각하면 로마서 11장을 떠올릴 수밖에 없다.

바울은 이 장에서 혈통적 이스라엘을 참 감람나무로 비유한다. 이방인을 상징하는 돌감람나무가 예수님의 혈통을 상징하는 참 감람나무에 접붙임 되었다고 말한다. 이는 유대인에게만 전해진다고 믿었던 복음이 이방인에게도 흘러갔음을 의미한다. 하나님의 장자 민족인 이스라엘이 받았던 하나님의 복이 예수 그리스도를 통해 이방인에게도 갈 수 있게 된 것이다. 즉, 기존에 있던 원가지에 다른 이방 가지가 더해진다는 뜻이다.

요셉이라는 이름이 가지는 뜻, 더한다(add)라는 말로 설명될 수 있는 예수님의 역할이다. 또, 에스겔 37장에서 요셉이 곧 에브라임의 막대기라고 기록한다. 요셉은 기존에 있던 양무리에 번성된 다른 양들을 더하시는(add) 예수님의 역할을 상징한다.

예수님을 통한 약속의 자녀는 이방에 전파된 복음으로 인해 지금도 날로 번성하고 있다(에브라임). 이러한 역할을 이방 가운데 행하시는 이도 오직 예수님이시다. 그는 이방인을 참 감람나무에 접붙임 하심으로 번성하게 하시는 교회의 뿌리가 되신 분, 양무리들을 번성케 하시고 완성하시는 분 즉, 예수님 자체가 참 감람나무이신 것이다.

에브라임(번성하는)의 막대기(나무)란 이방인들도 그 약속 안에 더해지게(요셉) 만드는 장자라는 원가지, 예수님을 가리킨다는 것을 알 수 있다.

막대기 2의 두 번째 사안, '이스라엘의 집'에서 사용된 בית(bayith)는 house, temple을 가리키는데 temple은 성전에서도 가장 깊숙하게 위치한 성소를 가리킨다(왕하 11:10). 하나님의 성소는 성막이나 성전에서도 가장 거룩한 장소를 뜻하며 우리들의 죄를 속하는 곳이다. 이곳은 제사장만이 출입할 수 있으며 하나님의 거룩한 임재가 있는 곳이다.

이스라엘에서도 가장 깊은 곳에 숨겨진 하나님의 임재가 메시아로 나타난 것이다. 결국 메시아가 나타난 것은 하나님의 임재가 세상에 나타난 것을 뜻하기 때문에 하나님과 인간이 하나가 되게 하기 위한 속죄의 장소, 이방이 원가지에게 접붙임을 얻게 하기 위한 막대기는 바로 예수 그리스도라는 것을 알 수 있다.

또한 참 그리스도인들은 성전의 뜰을 밟는 이스라엘인들이 아니다. 오로지 하나님의 성소에서 전심으로 하나님께 예배하는 이스라엘인들이다. 그런 자들만이 예수 안에서 하나님과 온전히 연합할 수 있는 것이다(계 11:1).

막대기 2는 복을 번성하게 하기 위해 접붙임을 얻게 할 나무(요셉, 에브라임의 막대기)**이신 예수님과 이스라엘의 거룩한 성소가 되시는 교회의 몸이신 예수님**(이스라엘의 성소)**을 상징한다.**

이것은 예수님의 육의 혈통과 영의 위치를 뜻한다(롬 1:3, 4; 히 9:8).

막대기 1은 **유대인**(유다)과 **이방인**(예수님을 믿음으로 영적 이스라엘이 된 하나님의 자녀)을 **막대기 2**는 **제사장**이 되시고 모든 만물을 통일하실 **예수님**(요셉 곧 에브라임의 막대기)과 **이스라엘의 성소가 되시는 예수님**(이스라엘 성소)을 뜻한다.

하나님은 에스겔에게 이 두 막대기가 손안에서 하나가 되게 하라고 한다. 두 개의 막대기가 만들 수 있는 모양은 간단하다. 십자 모양이다. 요셉이 뜻하는 바도 plus + 라는 십자 모양인 것이다. 즉, 하나님과 우리가 위에서 아래로 하나 되고(↓) 이방인과 유대인이 서로(↔) 하나가 되는 것이다. 이 두 가지를 합치면 십자가 모양이 된다.

그가 하나님의 맏아들이 되신 이유는(요셉과 에브라임은 장자 지파이다. 장자 이양의 순차: 야곱→ 요셉[르우벤은 야곱의 첩과 동침하므로 장자의 권한을 빼앗겼고 믿음으로 인해 요셉에게 장자권이 이양된다]→ 에브라임) 장자의 민족이 받은 그 복을 이방인들도 함께 받아 하나님과 하나가 되게 하려 하심이다.

이것이 삼직(선지자-하나님을 대변한다, 제사장-속죄한다, 왕-나라를 만든다)을 가진 하나님의 맏아들 메시아가 영원하고 완전한 나라를 이루는 방법이었다.

이스라엘의 아들들의 이름을 통해 계시하신 메시아의 역할은 하늘과 땅이 하나가 되고 땅과 땅이 어우러져 완벽한 나라를 만드는 작업이다.

예수님이 말씀하신 새로운 두 계명, 온 마음과 뜻과 목숨을 다해 하나님을 사랑할 것과 내 이웃을 내 몸과 같이 사랑하라는 말은 하늘과 땅이 하나 되고 땅과 땅이 하나가 되는 십자가의 상징과 동일하다. 십자가 위에서 이루어진 사역은 하늘에 계신 하나님과 인간을 이어주고 유대인과 이방인을 연결하는 다리와 건물이 한 번에 완성되는 사건이었다.

이 때문에 메시아이신 예수님은 십자가를 지실 수밖에 없었다. 또한 십자가는 죽음을 상징한다.

영원한 속죄제물로서 하나님의 심판이 내린 형벌인 죽음을 인류를 대신해지고 가야 하는 사람이 메시아다. 이는 구약의 예언들이 반복해서 말하고 있는 개념이다. 그는 죽어야 했고, 그 후에야 비로소 하나님이 세우시는 나라에 대한 권세를 얻게 되는 것이다.

그 예언들이 의미하는바, 이스라엘의 이름들과 율법이 상징하는 바를 모두 이루지 않는 한 그는 메시아가 될 수 없었고, 이 모든 조건에 충족된 사람은 오로지 예수 그리스도 한 분뿐이다.

진정한 장자

U2의 리드 보컬 보노는 이렇게 말했다.

> 어느 시골의 말구유에서 태어났던 한 아기가 온 우주의 비밀을 한 번에 가지고 올 수 있었다는 것에 난 무릎을 꿇었다.
> -〈Christianity Today〉 인터뷰 중

하나님의 꿈은 단 33년이라는 짧은 생을 살다간 작고 작은 나라 이스라엘의 한 청년에 의해 폭발했다. 그것도 단 삼 년 반이라는 그의 짧은 공생애 기간에 외국을 단 한 발짝도 밟아보지 않고도 자그마치 2000년 동안 끊이지 않고 세상을 뒤집어 놓았다.

그 조그만 땅에서 하늘과 땅을 연결하고 불화했던 이방(둘째)과 유대(첫째)가 이어질 다리를 만들었다. 맏아들이었지만 가인처럼 혹은 요셉을 미워한 형들처럼 욕심내지 않았다. 그는 장자로서 차자된 이방인들을 끌어안고 그들을 장자의 반열에 올렸다.

하나님이 몇 천 년 동안 고생시킨 이스라엘인들을 향해 이방인을 위해 죽기도 하고 너희 것만이라고 생각했던 그 복을 세상 가운데 넘쳐흐르게 하라고 명하셨다. 그는 왕이었으나 백성의 고통이 무엇인지 아셨다. 그는 가난하게 살았고, 가장 낮은 곳에서 수치와 모욕을 당하며 비참한 죽음을 받아들이셨다. 진정한 왕이 되기 위해서였다. 그렇기에 이 세상 어떠한 왕보다 그는 백성의 아픔을 자신의 것처럼 이해할 수 있었다.

인간은 어떤 방법으로도 하나님을 이길 수가 없다. 하나님의 성품보다 더 깨끗할 자가 누가 있으며 하나님의 마음보다 더 깨끗한 자가 누가 있으랴. 살면서 어떻게 한 사람도 미워하지 않고 거짓말을 하지 않고 살아갈 수 있으랴.

우리가 우리의 양심에서 말하든 율법에서 말하든 우리를 정죄하는 그 정죄에서 우린 결코 승리할 수 없을 것이다. 내 스스로가 완전히 깨끗하다고 말할 사람은 아무도 없다. 하늘의 심판대 앞에 섰을 때 나조차 기억하지 못했던 나의 끔찍한 악이 드러나는 순간 나는 좌절할 것이다.

이 죽음에서 절대 스스로 벗어날 수 없음을 깨닫게 될 것이다. 그러나 하나님은 길을 만드셨다. 마음으로도 육으로도 죄를 범하지 않은 완벽한 제물이 죽음으로 인해 하나님이 말씀하시는 공의의 높은 점수를 능히 넘어설 수 있게 만드신 것이다. 그 이름을 믿는 것만으로도 우린 하나님이 말씀하신 선의 영역에 들어갈 수 있게 되었다.

구약에 등장하는 많은 것들이 예수 그리스도를 나타내고 예표하고 있다. 앞서 설명한 바와 같이 '이스라엘'이라는 단어나 12지파의 이름들 하나하나가 예수님의 모습과 역할을 보여준다는 것을 우리는 알게 되었지만 그 이름들 안에 드러난 예수님의 모습이나 역할은 구약의 말씀이 나타내고자 하는 예수님의 모형들 중 극히 일부에 불과하다. 매우 중요하고 핵심적인 예수님의 모습과 성품과 본질과 사역이 다 들어있지만 그것은 기본 뼈대에 불과하다. 율법, 성막의 구조와 칫수, 성전의 구조, 모든 왕들이 살다간 흔적, 대 선지자들과 소선지자들이 그들의 삶을 통해 기록했던 예수님에 대한 예언과 그림들을 다 설명하자면 세상 모든 지면을 할애해도 다 적어낼 수 없을 것이다. 어떤 이들이 스스로를 향해 신이라거나 예수님 혹은 하나님이라는 말로 사람들을 현혹하는 경우가 있었다. 대체 무슨 자신감으로 예수 그리스도를 대신할 수 있다고 말했는지 알 수가 없다.

그분이 이 땅과 하늘과 영원한 나라에 이루신 일들은 감히 한 인간이 해낼 수 없는 일이다. 역사의 먼지와 같은 인간은 완전한 인간이자 신이신 그 분의 일을 할 수도 없거니와 그중 단 1%도 이해할 수 없을 것이다. 1세기를 다 살아내지도 못하고 그 세기를 산다고 해도 전 세계에서 일어나는 현상을 다 이해하지도 못하는 데다 더 우스운 건 한 사람의 열 길 물속 같은 마음조차 다 이해할 수도 읽을 수도 없는 인간이 어떻게 이러한 사역을 책임질 수 있다는 말인가.

우리는 그저 욥과 같이 '보소서 나는 비천하오니 무엇이라 주께 대답하리이까 손으로 내 입을 가릴 뿐이로소이다'라고 대답할 수밖에 없다.

영화 〈브루스 올마이티〉에 나오는 브루스(짐 캐리 분)는 단지 미국의 작은 시골 마을 하나에 대해서만 발휘할 수 있는 전지함을 신에게 전가 받았지만 마을은 온갖 재앙적인 일이 일어나 버리고 결국 사랑하는 사람의 마음도 얻지 못한 채 차라리 이 능력을 다 가져가라고 신에게 기도한다.

하나님의 꿈은 스케일부터 다르다. 한 사람의 마음을 움직이기 위해 최선을 다하는가 하면 인류의 모든 이들을 향해 거대하고 복잡한 기계처럼 시간과 공간 그리고 보이지 않는 세계까지 섬세하게 움직인다. 이 모든 것을 어떻게 한 사람이 한 인간이 다 알 것이며 안다 해도 그는 결코 보이는 세상과 보이지 않는 세상을 감당하거나 책임질 수 없을 것이다.

그 섬세하고 거대한 꿈은 사랑이라는 부드럽고도 강한, 아름답고

도 무서운 힘과 지혜로 인해 가동되고 움직이며 목표를 향해 날개를 편다.

하나님의 꿈은 그의 아들을 통해 나타났다. 그것이 예수님이고 그가 지신 십자가였다. 그러나 그것은 탄생이었을 뿐 아직 끝나지 않았다. 이제 그에게 접붙임이 된 자녀들이든 원가지에 있었던 유대인이든 상관없다. 그를 믿는 믿음이 그 안에 존재하는 자들은 하나님의 동일한 꿈을 가슴에 품고 하나님의 성령을 따라 움직였고, 움직이고 있으며 앞으로도 역동적으로 움직일 것이다.

그의 사랑에 의해 꿈이 이뤄질 그 날까지 그러할 것이다.

Chapter 7

사랑, 사랑을 이루다 그리고
사랑, 꿈을 이루다, ing…

1 / 하나님을 이긴다는 것

내가 그리스도와 함께 십자가에 못 박혔나니
그런즉 이제는 내가 산 것이 아니요
오직 내 안에 그리스도께서 사신 것이라
이제 내가 육체 가운데 사는 것은
나를 사랑하사 나를 위하여 자기 몸을 버리신
하나님의 아들을 믿는 믿음 안에서 사는 것이라

_갈 2:20

세상을 이기다

이스라엘. 하나님을 이긴 자.

교회가 가진 이름의 뜻이다. 성경은 이제 누구든 예수 그리스도의 이름을 믿으면 이스라엘의 자손이 될 수 있다고 말한다. 즉, 예수님을 믿기만 하면 하나님을 이긴 자가 될 수 있다는 뜻이다.

우리가 하나님을 이긴다는 것은 무슨 뜻일까. 그것은 예수님이 하나님을 이겨주시고 우리가 그를 믿어 함께 이긴다는 뜻이다.

크리스천들이라면 누구나 알고 있는 진리다. 그렇다면 예수님이 하나님을 이기셨다는 것은 무슨 뜻일까. 그리고 이기신 예수님을 믿는 교회의 상태는 어떤 것일까.

이긴다. 이 일은 언제, 어느 곳에서 이뤄지는 것일까.

*

한 사람이 살아가는 인생에서 이기는 사건이 언제 일어날 것이냐는 매우 중요한 문제다. 예수님은 우리가 하나님을 이기는 자가 된다고 하셨을 때 이런 말씀도 하신다.

담대하라 내가 세상을 이기었노라 16:33

솔직히 세상은 하나님이 창조하셨으니 분명 세상은 하나님보다 이기기가 훨씬 쉬워야 할 것이다. 아니, 하나님보다 먼저 이겨야 할 것은 세상이 아닐까. 그렇다면 '세상을 이긴다'는 뜻은 무엇일까.

어느 여인이 있다. 젊은 시절 남편이 제대로 돈도 벌지 못하고 단칸방에서 어린 자녀들과 함께 낑낑대며 살았다. 한 달에 단돈 50만 원도 못 벌어 굶기도 하고 겨울에는 추위에 덜덜 떨며 지내던 세월이 이십 년. 하지만 그녀는 그 상황에 굴복하지 않고 자녀들을 키워내고 돈 못 버는 남편을 타박하지 않고 열심히 견디며 살았다.

그러던 어느 날 남편의 사업이 잭팟이 터진 것처럼 호황을 누리기 시작했다. 그녀의 인내가 빛을 발하는 순간이 온 것이다. 그녀는 자신의 어두웠던 순간들을 이기고 거기까지 간 것이다. 그녀가 이겼다는 것은 어쩌면 남편의 잭팟을 맛보는 순간이 아닌 그동안 그녀를 휘몰아쳤던 세상에서도 끝까지 희망을 버리지 않고 살았다는 그 자체일지도 모른다.

이때는 분명 세상을 이겼다고 말할 수 있을 것이다. 하지만 그 뒤로 만약 그녀가 가진 돈을 믿고 여러 사람들을 무시하고 경멸하며 매일 술에 빠져 산다면 그녀는 세상에 지는 삶을 사는 것이다. 돈을 더 많이 가지게 된 그녀의 상황은 그녀에게 다른 세상을 선물했다. 하지만 그렇게 달라진 세상에서 돈이 아닌 그녀 스스로가 주인이 되었다면 오죽 좋았으련만 돈은 오히려 그녀의 주인이 되어 그녀가 지금껏 가지고 살았던 신념들을 송두리째 무너뜨렸다. 돈이 부족했을 때는 남편을 격려하고 자녀를 돌보는데 최선을 다하며 주위 모든 이들에게 친절히 대했던 그녀였다. 세상은 그녀를 모질게 대했을지라도 그녀는 세상에 굴복하지 않았다.

그러나 돈이 많아지고 난 후 돈이 많다는 이유로 주위 사람들을 함부로 대하기 시작하고 남편을 의심하며 돈을 흥청망청 쓰는 것에만 관심을 가진다면 그녀는 결국 돈이 많아진 돈의 세상에 굴복하는 삶을 살게 되는 것이다. 돈이 없을 땐 세상이 감당치 못하는 사람이었으나 돈이 많아진 이후엔 세상에게 종노릇하는 모습이 되어 버린 것이다.

사람은 때때로 이긴 것 같았다가도 진 삶을 살게 되는 것 같다. 하지만 그렇다고 그녀가 완전히 실패했다고 말할 수 없을 것이다. 시간은 흐르고 그녀가 죽음에 이르기까지 그녀가 삶을 이겼는지 졌는지는 알 수 없을 것이다.

어른들이 말하는 것처럼 말년이 좋아야 한다는 말은 곧, 말년에 이기는 것이 진짜라서 그런 말을 한 것이 아닌가 하는 생각이 든다.

참 아이러니한 것은 어떤 사람도 인간이 진정으로 삶을 이기며 산다는 것이 무엇인지 알지 못한다는 사실이다.

돈을 많이 버는 것? 더 많은 이들에게 알려지는 것? 아님, 배우자를 잘 만나는 것? 혹은 그저 평범하게 사는 것? 이러한 우리의 상황들을 보고 우리는 세상을 혹은 나 자신이라는 세상을 이겼다고 말할 수 있는 것일까. 그렇다면 어른들이 말하는 것처럼 말년에 편안한 사람들은 정말 삶을 이긴 것일까. 확실한 것은 우리가 아무리 많은 돈을 가져도, 높은 권력을 가져도 우리는 우리의 삶을 이겼다라고 고백하기가 어렵다는 것이다.

인간은 이긴다는 것이 무엇인지 아직 잘 모른다. 이런 우리의 무지함이 무서운 상태임을 오로지 죽음 앞에서 두렵게 확인할 수 있을 것이다. 나에게 주어졌던 인생을, 그 세상을 정말 잘 쓰다 온 것일까. 확실한 것은 그토록 애닳게 집착했던 돈과 명예, 중요하다고 생각했던 모든 것이 실제로는 허무하기 짝이 없었다는 후회가 죽음의 찰나에 넘쳐 흐를 것이란 사실이다.

세상은 나를 이기고 있었고, 세상이 내미는 더러운 손길을 거부하지 못한 채 세상이 말하는 대로 휘둘려 살다 온 것이다. 실은 인간이기에 가져야만 하는 사랑과 꿈과 진실함을 놓치고 살았던 순간들을 가슴을 치며 후회하게 될 것이다. 그건 분명 나 자신이 세상에 졌다는 것을 증명하게 될 것이다. 그러나 이보다 더 무서운 것은 죽은 후에 심판대를 마주해야 한다는 것이다.

난 어쩌면 우리가 그 심판대를 마주칠지도 모른다는 불확실한 말을 적을 수가 없다. **우리는 확실히 그렇게 될 것이다.** 인간으로서 할 수 있었던 아름다운 것을 하지 않음으로 낭비했던 시간과 무가치한 것들을 위해 소비했던 시간에 대해 책임을 져야 할 것이다.

만약 우리가 정말 이겼다고 말하려면 우린 반드시 **그곳**에서 이겨야 할 것이다. 하나님을 이긴다는 것은 그 심판대 앞에서 우리의 인생을 해부한 책을 놓고 심판하는 그의 공의를 이긴다는 뜻이다.

심판은 절대 악한 존재가 할 수 없다. 그런 자들에게 공의와 공평을 기대하는가? 만약 악한 자들이 우리를 심판하려 든다면 우린 반란을 일으켜야 할 것이다. 너와 같은 악한 자가 어떻게 나를 지적하고 나를 판단하겠느냐며 따져야 할 것이다.

하지만 완전히 선한 자에겐 반기를 들 수 없다. 만약 심판자가 있다면 그보다 더 선할 수도 더 깨끗할 수도 없어야 하며 그가 판단하는 것에 대해 아무 반론도 할 수 없을 만큼 완벽한 존재여야 한다. 나는 확신한다. 그런 완벽한 심판자가 있으며 앞으로 보게 될 것이라는 사실을.

우리가 살면서 아무리 착하게 살았다고 해도 저마다의 양심은 알고 있을 것이다. 그가 가지고 있는 가장 추악한 면모가 무엇인지 말이다. 심판대 앞에선 모든 은밀했던 일들이 드러나게 될 것이다. 그것은 우리가 결코 반박할 수 없는 증거로 채택될 것이다. 그 심판대가 우리들의 마지막이며 그곳에서 이겨야 진짜 이긴다고 말할 수 있을 것이다. 그것은 곧 하나님을 이기는 것이다. 하나님의 공의를 이겨야만 하는 것이다.

누가 그 일을 자신의 힘으로만 할 수 있을 것인가. 단언하건대 아무도 할 수 없다. 하나님보다 선한 자가 누구며 혹 그렇다고 말하는 사람은 어쩌면 이 세상 어떤 이보다 더러운 사람일 수도 있다. 정말 웃기는 건 우리가 더러운 속을 가졌는지 깨끗한 속을 가졌는지도 모른다는 것이며 우리의 행동 하나, 말 하나가 누구에게 어떤 영향을 미쳤는지도 모른다는 사실이다.

이런 무지한 존재가 어떻게 심판대 앞에서 나 자신을 변론하며 내가 옳다고 말할 수 있겠는가. 우린 어쩌면 모두 영화 〈올드 보이〉에서 18년 동안 갇힌 회사원일지도 모른다. 인간은 단 하나도 빼놓지 않고 세상이라는 거대한 존재에 비해 턱도 없이 모자란 존재다. 그런 존재가 어떻게 하나님의 심판을 이기겠다는 것인가.

144,000: 백, 사십, 사, 천

그렇다면 우린 아무것도 하지 말아야 하는 존재인가? 어차피 세상도 하나님도 이길 수 없으니 아무것도 하지 말고 그냥 살자는 것인가? 이러한 문제에 대해 인간은 수없이도 고민했지만 확실한 답을 얻지 못했다. 하지만 하나님은 인간에게 이미 답을 주셨다.

아무것도 할 필요가 없으나 모든 힘을 다해 얻어야 할 것. 그것은 예수 그리스도다. 그를 믿는 것만이 우리가 마지막에 이길 수 있는 유일한 카드라는 것이다.

하나님은 교회를 향해 절대 넌 아무것도 할 필요가 없다고 말씀하시지 않는다. 또한 넌 네 힘으로만 그 일을 해야 한다고도 하지 않는다. 예수님을 믿고 그를 따라 고난에 동참하라고 말씀하신다.

이에 대한 말씀은 수백 구절이 넘을 테지만 난 이에 대한 확실한 그림이 성경의 마지막 책인 요한 계시록에 있다고 생각한다.

그것은 144,000이라는 숫자와 그에 속한 이스라엘 족속에 관한 이야기에 숨어있음을 확신한다. 이 숫자와 이스라엘 족속의 지파들에 관한 논란은 수 없는 학자들에게 궁금한 점들이었다.

감히 내가 이것들에 대하여 확실히 '이렇다'라고 결론지을 수 없다. 하지만 성령이 내게 계시하신 것을 감히 적으려 한다는 것과 또한 부족한 것이 반드시 있음을 명시하려 한다. 내가 이것들을 언급하는 이유는 하나님을 이기는 자들의 모임 곧 교회 안의 구성원들이 어떠한 존재인지를 조금이라도 밝히려 함이다. 성경의 원문을 보자. 원문은 그리스어로 적혀 있다. 그리스어로 144,000을 읽는 방법은 영어와 똑같다.

one hundred(100)-*εκατων*, forty(40)-*τεσσηρακωντα*,

four(4)-$\tau\varepsilon\sigma\sigma\alpha\rho\eta\varsigma$, thousand(1000)-$\chi\iota\lambda\iota\alpha\delta\varepsilon\varsigma$

이 숫자는 한 마디로 성도들의 상태 및 조건이다. 계시록은 하나님의 암호다. 숫자 하나, 장면 하나를 허투루 기록하신 법이 없다. 이러한 것들이 우리가 앞으로 겪어야 할 일이고 어떠한 상태에 관해 기록한 것이라면 우리는, 어디서, 어떻게, 무엇을, 누가, 언제, 왜 같은 육하 원칙으로 따져봐야 할 것이다.

하나님이 누구에게 어디서 무엇을 위해 일어나는 일인지를 알아야 그분이 말씀하시는 뜻이 무언지 알 수 있기 때문이다. 다른 책들을 보며 이러한 원칙을 따지는 것처럼 계시록도 이처럼 보면 훨씬 더 많은 것이 눈에 들어온다.

계시록은 성경이 열쇠다. 성경을 토대로 나는 각 단어가 뜻하는 하나님의 메시지를 이해하려고 노력했다. 144,000의 원문에 나온 숫자를 문자로 나눠 살펴보자.

hundred($\varepsilon\kappa\alpha\tau\omega\nu$), 100, 백, 百.

성경에서 이 숫자는 어떻게 쓰인 걸까. 수없이 많이 쓰였겠지만 난 퍼뜩 예수님의 말씀이 떠올랐다. 99마리의 양과 1마리의 양. 이 수를 합치면 100이 된다. 왜 하필 예수님은 99마리와 1마리로 자신의 양 떼를 비유하신 것일까? 1마리를 잃어버렸기 때문에 예수님은 99

마리를 놔두시고 1마리를 찾으러 가신다고 하셨다.

그렇다면 99마리는 그가 이미 찾은 성도들이라는 뜻일 것이다. 그의 양무리를 완전히 채우시기 위해 1마리를 찾으러 나간 것이다.

그러니까 원래 예수님이 찾으셔야 할 완전한 양무리의 수는 100마리라는 뜻이다. 난 이것을 '완전한 성도들의 수'라고 해석했다. 그가 택하신 자가 몇 명이든 예수님이 자신의 양들이라고 생각하는 모든 자들을 뜻하는 비유적 숫자가 100이라고 생각했다.

그다음 forty($\tau\varepsilon\sigma\sigma\eta\rho\alpha\kappa\omega\nu\tau\alpha$), 40, 사십, 四十

이 수는 성경에서 너무나 유명하다. 40년의 광야 생활, 40일의 금식, 40일의 시험. 이 수는 주로 인간에게 닥쳐오는 시험의 수, 연단의 수를 뜻한다. 예수님도 40일 금식 후에 사탄에게 시험을 받으셨고, 엘리야는 40일의 금식 끝에 하나님의 음성을 들었으며, 모세는 40년의 광야 생활을 하고, 출애굽 한 백성들과 40년 동안 광야에서 훈련받았고, 호렙산에서 40일간 금식을 했다. 이스라엘 백성은 가나안 땅을 들어가기까지 40년의 훈련을 거쳐야 했다. 이것은 하나님의 연단 기간이자 훈련의 기간이다.

40이라는 수는 단지 비유일 뿐, 계시록에 기록된 마지막 성도들이 얼마 동안의 연단을 받을지는 모르나 반드시 이러한 **연단의 기간**을 모든 성도(100)들이 받을 것임을 암시한다.

그리고 four($\tau\epsilon\sigma\sigma\alpha\rho\eta\varsigma$), 4, 사, 四.

이것은 세상, 곧 땅을 뜻한다. 사방(四方)이라는 말 그대로 세상은 딱 네 방향밖에 없다. 인간이 설정해 놨는지는 모르겠지만 우리는 팔방을 지칭할 때도 사방, 동서남북을 인용해 방향을 가리킨다. 동서쪽, 남서쪽 이런 식으로 말이다.

성경에서도 세상을 언급할 때 사방이라는 말을 자주 쓴다. 즉, 우리가 사는 곳은 사방이라는 방향에 갇힌 땅 위다.

여기까지 해서 육하원칙을 따지자면, 누가- 모든 성도들이, 어떻게- 연단을 받는다, 어디서- 세상에서. 즉, 4는 성도들이 연단을 받는 곳이 어디인지를 말하고 있는 것이다. 그곳은 성도들이 아직 살아 있는 **세상**이요 이 땅이다.

마지막 thousand($\chi\iota\lambda\iota\alpha\delta\epsilon\varsigma$), 1000, 천, 千.

사도 베드로가 말한 하나님에게는 '천 년이 하루 같고 하루가 천 년 같다'는 말씀이 생각난다. 이것은 마지막이 언제 올지에 관한 말씀을 하다가 베드로가 언급한 것이다.

그러니까 하나님의 심판이 언제인지는 오직 하나님만 아신다는 것이다. 다른 말로 하면 하나님의 심판은 오직 하나님이 정하신 때에 이뤄진다는 의미다. 어쩌면 1000은 **하나님이 정하신 때**를 뜻하는 것인지도 모른다는 생각을 했다. 왜냐면 누가, 어떻게, 어디서는 나왔는데 언제인지가 아직 나오지 않았기 때문이었다.

정리해 보면,
에카톤(100)-누가? 모든 성도들이
테세라콘타(40)-어떻게? 연단을 받는다
테사레스(4)-어디서? 땅에서
킬리아데스(1000)-언제? 하나님의 때에

연결해 보면,
하나님의 정하신 때에 땅에서 연단 받을 모든 성도의 수
가 바로 144,000인 것이다.

날마다 죽노라

여기서 알 수 있는 사실은 성도가 예수님의 은혜 때문에 아무것도 안 하는 것이 아니라 땅에서 받을 연단을 견뎌야 한다는 것이다. 그래야만 우리가 그리스도 안에서 자랄 수 있기 때문이다. 다시 말하지만 우리는 하나님이 왕으로 택하신 나라요 족속이다.

그런 자들이 어떻게 세상에서 편안하게 살기만을 바라겠는가. 그는 자기 아들이 지신 십자가를 그저 바라보라고만 하시지 않았다.

우리가 세상을 이기기 위해서 세상이 주는 달콤한 것들과 타협하지 않기를 원하셨다. 그것이 세상이 주는 감옥이라는 것을 알고 계시기에 눈을 떠서 보이지 않는 세상의 감옥을 보고 이기라고 말씀을 하신 것이다.

세상이 주는 감옥이 무엇인가. 우린 태어날 때 아무것도 가지지 않고 태어났다. 그러다가 살면서 옷도 가지고 먹을 것도 누리고 살아간다. 하지만 세상은 거기에 만족하지 말라고 말한다. 어느 순간 5성급 호텔에 머물게 된 상황이 되었는데도 세상은 그에게 속삭인다.

이 보다 더 좋은 호텔이 있어. 그런데 그 호텔은 다른 사람에게 줬데. 너무 불공평하지 않니? 그는 그 속삭임을 듣고 불공평함이라는 감옥에서 빠져나오려고 하기는커녕 속삭임에 넘어가고 만다.

만약 4성급 호텔을 줬다간 노발대발 난리를 친다. 호텔 메니저들을 쩔쩔매게 하고 주위에 있는 사람들을 괴롭히기 시작한다. 이것은 명백히 세상에 휘둘리는 것이다.

세상을 지배한다고 생각하지만 실은 세상이 말하는 탐욕에 눈이 멀어 진정으로 가지고 있어야 할 가치를 보지 못하고 놓치는 꼴이다. 하나님은 우리가 이런 사람이 되지 않기를 원하신다.

우리의 탐욕은 오로지 말씀과 기도 그리고 하나님이 주시는 연단으로 인해 무너진다. 예수 그리스도와 함께 매 순간 세상이 말하는 탐욕에 굴복하지 않기 위해 싸우는 것이 성도의 일이라는 것을 하나님은 이 숫자를 통해 말씀하고 계시는 것이다.

이 싸움은 사람이 하늘에서도 음부에서도 할 수 없다. 오직 우리가 숨 쉬며 살아가는 세상, 땅 위에서만 할 수 있는 일이다. 무서운 사실은 이러한 싸움을 통해 이길 수 있는 기회가 오로지 내가 살아 숨 쉬는 기간뿐이라는 것이다.

예수님은 단 한 명도 잃어버리지 않고 그가 채우실 수를 완전히 채우실 것이다. 그리고 그 일이 끝나는 때와 일어나는 때는 오로지 하나님만이 아시는 때에 일어날 것이다. 이러한 연단과 시련을 통해 성도들은 눈을 뜨게 된다.

가인을 삼키려 했던 욕망의 실체가 무엇인지 알게 되는 것이다. 나의 욕망이 실제로 얼마만큼 죄와 연결되어 있는지를 안다는 것은 보이지 않았던 적이 내 눈에 보인다는 뜻과 같다.

사람들은 자신의 죄와 욕망을 보지 못한다. 그걸 볼 수 있는 눈을 가지고 있지 않기 때문이다. 그러나 예수님을 통해 우리 안에 들어오신 성령은 그것을 매우 세밀하고 진실하게 조명하신다. 우리 안의 양심이라는 공간에서 그가 말씀하시는 것이다.

소향아, 네가 지금 가는 길은 잘못된 길이란다. 그리고 네가 갇힌 감옥은 이런 이런 종류의 감옥이야. 그러니 나와야 해. 하지만 이렇게 말씀하신다고 해서 내가 금방 나올 수 있는 것이 아니다.

내가 좋아하는 일은 내려놓아야 하고 싫어하는 일을 하기 위해 내

몸을 움직여야 한단다. 매우 고통스러운 일이다.

두 갈래의 선택에서 분명 나의 욕망이 선택하고 싶은 길은 오른쪽이다. 그러나 하나님은 왼쪽으로 가야 한다고 말씀하신다. 하지만 왼쪽으로 가면 너무나 끔찍한 고통이 기다리고 있는 것 같다. 미래를 모르지만 예상은 할 수 있기에 그 길을 가는 것이 너무나 치가 떨리게 싫다.

마치 날카로운 이빨을 드리운 악어 떼가 그곳에서 나를 난도질하기 위해 기다리고 있는 것 같다. 그 길은 나를 십자가 위에 묶어 놓고 나의 손과 발에 못을 박는 길이다.

성도는 삶의 고난을 통해 예수님과 함께 십자가의 길을 걷는다. 이것은 어쩌면 우리에게 주시는 하나님의 심판인지도 모른다. 땅 위에서 받는 심판을 통과하고 대신 하늘의 심판을 이기는 것이다.

바울은 이에 대하여 갈라디아서 2장 20절에 기록한다.

> 내가 그리스도와 함께 십자가에 못 박혔나니 그런즉 이제는 내가 산 것이 아니요 오직 내 안에 그리스도께서 사신 것이라 이제 내가 육체 가운데 사는 것은 나를 사랑하사 나를 위하여 자기 몸을 버리신 하나님의 아들을 믿는 믿음 안에서 사는 것이라

하나님의 심판은 이미 성도들에게 임한 것이다. 그리스도와 함께 못 박힌다는 것은 우리 안에 죽음이 임한 것을 뜻한다. 나의 죄와 함

께 내가 이미 죽어버린 것이다. 탐욕에 대한 죽음, 거짓말에 대한 죽음, 인간으로서 잃어버렸던 것들에 대한 죽음이 매일 임하는 것이다. 바울은 또 이렇게 고백한다.

나는 날마다 죽노라 고전 15:31

핍박 앞에서 죽고, 유혹 앞에서 죽는 삶을 사는 사람들이 성도들이다. 매일 이런 일이 일어나는 사람들이 성도다. 핍박을 받아도 죽은 자처럼 감각이 없는 사람들, 유혹을 받아도 죽은 자처럼 유혹에 굴복되지 않는 사람들. 이러한 사람들을 향해 성경은 이처럼 말한다.

세상이 감당치 못하도다 히 11:38

이것은 오직 예수 그리스도의 죽음이 믿음으로 인하여 그 사람 안에 철저히 경험됐을 때만 일어날 수 있는 일이다. 그러나 우리가 이 죽음으로 절망에 빠지는 삶을 사는 것이 아니라 우리가 그리스도와 함께 다시 산다고 성경은 말한다. 하나님의 아들을 믿는 믿음 안에서 거듭나 살아가는 것이다.

성도는 매일 심판과 구원을 반복해 경험한다. 그러므로 성도는 매일 기뻐하고 감사함으로 유혹을 견디고 핍박을 견뎌나간다. 이런 사람을 세상이 어찌 감당하겠는가. 이런 사람이야말로 고통을 안을 수 있는 왕의 자격을 얻을 수 있으며 백성의 고통을 가슴으로 이해할 수 있는 사람일 것이다.

세상이 문제가 아니라 나 자신이 변화되어 문제를 문제로 받아들이지 않는 사람은 어떤 상황이 닥쳐도 의연할 수 있는 초인간으로 살아갈 수 있다. 능력이 많든 적든 하나님은 이러한 과정을 통해 각자를 가장 아름다운 모습으로 완전하게 이루시는 것이다.

그래서 하나님은 144,000이라는 수를 우리에게 허락하신다. 이는 오로지 예수님이 하신 그 일이 우리 안에 믿음으로 들어와 역사하는 힘으로만 일어날 수 있다.

하나님의 때를 기다리고 지나는 것, 이 세상에서 연단과 고난을 흔쾌히 받아들이는 삶을 통해 우리는 예수님의 사역 안에 완전히 들어갈 수 있을 것이다.

2

예수, 그 이름의 침노

그 힘과 원리가 우주 전체뿐 아니라
나라는 작은 인간 안에서 일하기를
부끄러워하지 아니하고 기꺼이 즐거운 마음으로
온 힘을 다해 우리를 침노해 오고 있다.

본문 中

예수님의 사역

성경 전체에서 나타난 이스라엘의 지파들을 정리해 보면 아래와 같다.

1. 르우벤-보라 아들이라

2. 시므온-듣다

3. 레위-연합하다(제사장 지파)

4. 유다-찬송(왕의 지파)

5. 단-심판

6. 납달리-다투다, 싸우다

7. 갓-복, 행복

8. 아셀-복된 자라고 칭찬하다

9. 잇사갈-값을 치르다

10. 스불론-함께 거하다.

11. 요셉-더하다(장자 지파)

12. 므낫세-잊어버리다

13. 에브라임-번성하게 하다

14. 베냐민-오른손의 아들

이스라엘의 아들들은 총 12명이지만 요셉의 두 아들을 이스라엘의 지파들처럼 포함하면 총 14지파다(창 48:5).

이처럼 요셉의 아들 둘을 포함하여 완성된 이스라엘 지파들은 출애굽 시 진군 진영에는 요셉이 빠지고 가운데 제사장 지파인 레위 지파를 중심으로 나머지 동서남북 방향으로 각 세 지파를 배치해 광야에서 진군했다.

이는 교회의 중심이신 예수 그리스도가 중심이 되어 나아가는 교회의 모습을 예표한다. 영원한 제사장이신 그분의 사역, 교회의 중심이 되고 머리가 되시는 예수님의 위치를 나타내며 인간의 몸에서 가장 깊은 곳인 영혼에 그분이 함께 하심을 의미한다.

성경의 부분 부분에는 이처럼 이스라엘 지파들이 나열되어 있거나 배치된 상황들에 대하여 자세히 기록하고 있다. 어떤 곳에는 요셉이 빠져 있고 어떤 곳에는 에브라임이나 므낫세가 빠져 있다. 성경의 마지막 책인 계시록에도 이스라엘 지파들이 언급되는데 총 네 구절에 각 세 지파씩 등장한다.

유다, 르우벤, 갓
아셀, 납달리, 므낫세
시므온, 레위, 잇사갈
스불론, 요셉, 베냐민

이렇게 12개의 지파가 나오지만 위 지파들에서는 **단과 에브라임**이 빠져있다. 이는 수많은 학자들에게 많은 의문을 가져다준 질문이었다. 그 이유를 설명하기 전에 먼저 위와 같은 배열이 있는 이유를 살펴보자.

위 배열은 첫 아들부터 막내아들까지의 배열도 아니고 성경의 다른 부분에서 등장한 지파의 배열 중에서도 없었던 배열이었다. 그렇다면 왜 예수님은 한 절당 세 지파씩 이 순서대로 배열하여 보여주신 것일까.

계시록은 그 어느 것 하나 '그냥' 적힌 것이 없다. 다른 성경의 책들과 마찬가지로 말이다.

이 배열은 첫째, 예수님의 모습, 사역과 연관이 있다.

둘째, 예수 그리스도를 머리로 삼고 있는 예수 그리스도의 몸 된 교회가 어떠한지를 설명하고 있는 구절들이다.

찬송이 되신 예수(유다)

아들이 되신 예수(르우벤)

복이 되신 예수(갓)

- 이는 예수님의 영원한 **모습**이다. 그가 이 **땅에 오시기 전에도** 후에도 그는 영원히 찬송 받으실 분이시며, 하나님의 아들이시며, 복이셨다.

우리를 복되다 칭하게 만드신 예수(아셀)
우리의 죄와 싸우시는 예수(납달리)
하나님이 우리 죄를 잊게 만드시는 예수(므낫세)

- 예수님이 **이 땅에서** 하신 **사역**이다. 그는 우리로 하나님의 복을 받아 누리게 하셨고, 우리의 죄와 싸우셨고, 그로 인해 하나님이 우리의 죄를 잊겠다고 하셨다.

하나님의 음성을 들으시는 예수(시므온)
하나님과 연합하시는 예수(레위)
죄의 값을 치르시는 예수(잇사갈)

- 예수님이 두 번째 구절에서의 **사역을 어떤 방법**으로 하셨는지를 보여주신다. 그는 오로지 하나님이 말씀하시는 것만을 들으시고 행하셨다. 그와 하나가 되어 일하셨고, 마지막엔 그의 몸으로 우리의 죗값을 치르는 것을 통해 우리는 구원을 얻었다.

우리와 함께 하시는 예수(스불론)
하나님과 우리를, 이방과 유대를 하나 되게 하시는 예수(요셉-십자가)
하나님의 오른 편에 앉아계신 예수(베냐민)

- **땅에서의 사역을 마치신 예수님의 모습**은 이와 같다. 사역의 결과로 얻으신 능력으로 보좌에 앉으신 그분의 모습이라고 할 수 있다.

그의 사역은 우리가 하나님과 함께 할 수 있게 하셨다. 우리를 하나님과 하나가 되게 하시고, 이방과 유대를 연합시키신 십자가의 주인이 되신 분이시며 그는 심판하러 오시기까지 하나님의 우편에 앉아계신 분이다.

위 네 구절은 하나님의 구원 사역을 하신 예수님의 모습인 동시에 성도들을 어떻게 구원 안으로 이끄셨는지를 보여주는 그림이다. 사역은 하나님 자신을 위한 것이기도 하지만 궁극적으로는 예수 그리스도의 은혜를 입었고 또 앞으로도 입을 성도들을 위한 일이다.

예수님의 사역은 심판을 위한 것이 아니라 구원을 위한 것이었다. 그가 모으실 완전한 양무리들을 위해 이 일을 행하시고 능력을 취하시고 영광을 얻으신 것이다. 여기서 우리는 왜 단과 에브라임이 빠졌는지를 알 수 있다.

구원은 곧 심판을 이긴 결과다. 성도는 삶에서 오는 심판을 예수 그리스도로 인해서 이기고 결국엔 구원을 얻게 된다.

영원한 심판에서 제외된 무리가 예수 그리스도의 교회인 것이다.

그 때문에 인을 맞아 온전히 그분의 구원 약속 안에 들어간 자들은 심판에서 제외되므로 자연히 144,000안의 인 맞은 이스라엘 지파들에서 심판을 뜻하는 단지파의 이름이 빠질 수밖에 없었다.

또한 이 숫자는 마지막 한 마리까지 다 계수함을 입은 완전한 성도들의 숫자다. 더 이상 번성할 일이 없는 것이다. 이 때문에 '번성하다'라는 뜻을 지닌 에브라임 지파도 빠졌다는 것을 알 수 있다.

구원을 받은 완전한 성도들의 수 = 심판에서 제외된 완전한 양무리의 수, 예수님이 마지막 하나까지 건지신 완전한 양무리의 수를 144,000으로 표기한 것이다.

여기에서 왜 각 지파의 수가 일만 이천인지는 설명하지 않겠다. 이 또한 144,000과 같은 해석방식으로 해석하지만 너무 많은 지면을 할애하는 고로 접어두기로 한다. 어쨌든 우리가 구원을 받고 심판에서 제외된 것이 모두 예수 그리스도를 통한 하나님의 완벽한 계획안에서 이뤄졌다는 것을 아는 것이 중요하다. 이 구절들 뒤로 나오는 유명한 구절은 이에 대하여 찬송한다.

구원하심이 보좌에 앉으신 우리 하나님과 어린 양에게 있도다 계 7:10

심판을 이기고 완전한 구원을 얻기까지 우린 아무것도 할 수 없는 존재인 동시에 예수 그리스도와 합하여 모든 것을 할 수 있는 사람이 된다.

이 삶에서는 세상이 바라는 것과 타협하지 않기 위해 싸워나가고 그 모든 싸움에서 이기게 하신 예수 그리스도를 믿는 믿음으로 인해 결국인 구원으로 들어가 영원히 심판에서 제외되는 결과를 얻게 되는 것. 하나님의 공의를 이겨내는 것.

그것이 우리 성도들의 모습이자 예수 그리스도로 인한 은혜의 결과라고 할 수 있다. 이러한 결과가 계시록에 나타난 144,000이라는 숫자와 이스라엘 지파의 이름으로 나타난 것이다.

이 세대를 사는 자들의 축복

아담과 하와, 가인과 아벨, 에녹, 노아와 가나안, 아브라함, 이삭, 에서와 야곱, 요셉, 모세, 여호수아, 사무엘, 사울과 다윗….

하나님의 사랑, 죄를 짓는 인간이 들이밀 예상된 칼날, 그 죄로 인해 잃어버릴 수많은 것들, 그 수많은 것 중 우주에서 가장 귀한 아들의 목숨….

하나님의 사랑은 몇 천 년이라는 여정을 지나왔고 우린 그 이야기를 신기하게도 돌아 볼 수 있는 시간대에 살고 있다. 우리는 창세기부터 계시록까지 하나님이 계획하신 모든 여정을 다 볼 수 있는 엄청난 기회를 누리며 살아가는 사람들이다.

하나님의 꿈이 어떻게 심기었고 어떻게 사랑을 시작했는지 또 그 사랑이 무엇을 했고 이 세상에서 어떻게 적용되었는지를 볼 수 있는 기록을 접하는 행운을 얻은 것이다. 마치 아무것도 하지 않은 자가 감나무에서 감이 떨어지는 그 순간에 거기 서 있는 행운을 얻은 것처럼 말이다.

144,000이라는 말이 의미하는 바처럼 세상에서 하나님의 때에 연단을 지나는 예수님 안의 양들이 바로 우리들이라는 것은 거대한 영광을 목전에 두고도 그에 걸맞지 않은 작은 씨름을 하고 있다고 해도 과언이 아니다. 이 작은 씨름을 어여삐 여겨 그럼에도 불구하고 다른 믿음의 선진들과 같은 구원을 얻는다는 것은 부끄럽기까지 한 복이요 내밀 것 하나 없는 십자가 위의 강도가 받은 은혜와 같다. 이 숫자는 그리고 이스라엘 지파들의 이름의 의미 안에서 완성 된 우리의 영혼의 상태는 어디까지나 완전한 약속 안에 거하는 자들이 받아내는 것이기 때문이다.

불확실하고 뜬구름 같았던 약속을 믿고 걸어가야 했던 아브라함이나 이삭 같은 믿음의 사람들이 견뎌냈고 하나님을 믿는 믿음을 지켜야 했던 시간과는 비교도 되지 않을 만큼 우리는 넘치는 축복 속에 살아가고 있다.

우리가 어떻게 이스라엘 지파 안에 속할 수 있겠는가. 위에 나열된 오랜 고전의 방정식과 같은 이스라엘의 지파 이름 안에 담긴 예수님의 사역을 아무런 노력 하나 없이 지금도 고스란히 받아먹을 수 있다는 것은 있을 수 없는 일이며 기적과도 같은 일이다.

모든 우주를 창조하시고 우주의 전쟁에서 분투하시며 꿈을 싹 틔우시고 기어이 아들을 탄생시켜 죽게 내버려 두셨으나 그를 부활하게 하시고 능력을 얻게 하시는 일을 이루시고 이 모든 결과물을 우리에게 허락하신다는 이 큰 사랑을 어떻게 아무런 생각 없이 받아들이며 살아가겠는가.

하나님의 사랑은 예수님의 사역을 통해 그의 거룩도 만족시키시고 그의 사랑도 만족시키셨다.

죄를 지은 인간을 사랑할 방법을 기획하시고 실행하시며 기다리시고 고난의 순간들을 견뎌내셨다. 마침내 그 꿈은 하나님의 상처를 찢고 탄생하여 그의 백성들을, 그가 세우실 왕들을, 그 나라를 완성하신 것이다.

그의 꿈도 믿음의 시작도 나라의 정복도 예수님의 탄생과 죽음과 부활과 영원도 모두 하나님의 거대하고도 간절한 사랑 때문이었다. 사랑이라는 알고리즘이었다.

그 알고리즘은 세상 누구도 완전히 증명할 수 없으나 그저 있는 그대로 돌아가는 하나님의 강력한 힘이자 원리다. 우리가 알고 있는 사랑이 그러한 것처럼.

그 힘과 원리가 우주 전체뿐 아니라 나라는 작은 인간 안에서 일하기를 부끄러워하지 아니하고 기꺼이 즐거운 마음으로 온 힘을 다해 우리를 침노해 왔으며 여전히 오고 있다.

또한 우리는 신기하게도 침노할 수 있는 무기를 들고 천국을 침노할 수 있는 하나님의 때를 살아가고 있다. 예수 그리스도, 그리고 그 이름으로 우리에게 오신 성령의 침노는 말씀하신다.

나는, 천국은, 침노를 당할 준비가 되어 있노라고.

3

내가 네가
네 내
안 안
에, 에

그가 원하시는 건 딱 하나다.
우리 안에 들어와 서로를 향해 웃으며
단지 함께 식사를 하는 것이다.
_본문 中

내 안에 너 있다
"내 안에 너 있다."

참 유명한 드라마의 명대사다. SBS TV 드라마 〈파리의 연인〉에 나왔던 이 로맨틱한 대사는 예수님이 우리에게 하셨던 말씀과 비슷하다.

> 볼지어다 내가 문밖에 서서 두드리노니 누구든지 내 음성을 듣고 문을 열면 내가 그에게로 들어가 그와 더불어 먹고 그는 나와 더불어 먹으리라 계 3:20

풀어 말하자면, 내가 너의 마음이 열리길 기다리고 있다. 그래서 두드리는 것이다. 만약 누구든 내가 두드리는 것을 듣고 마음의 문을 열면 내가 그의 마음 안에서 먹고 그도 내 마음 안에서 먹을 것이다.

내가 네 안에, 네가 내 안에 사는 것. 파리의 연인에 나왔던 대사도 이와 다를 것이 없다. '내 안에 너 있다'는 말은 정말 상대편에 내 안에 들어와 있다는 말이 아니라 너를 향한 마음이 내 안에 있다는 것을 뜻한다.

하나님은 성경에서 인간을 향한 이런 고백을 수없이도 하셨다. 부르고 안고 업고… 난 이미 가난하니 너도 가난해져 줄래? 내 안에 이미 네가 있으니 너도 나를 네 마음으로 들여보내 줄래? 네가 날 사랑했으면 좋겠어. 이제는 너도 나를 향해 고백해 줬으면 좋겠어. 수 없는 고백 끝에 계시록에서 그 분은 단도직입적으로 말씀하신다.

나도 네 안에 들어가게 해 줘.

이러한 하나님의 간절한 요구는 세상 끝에 나타나신 예수님이라는 분 안에 담겨 있다. 세상 말미라는 게 벌써 2000년 전인데 어떻게 그 시점을 세상 말미라고 하는 건가 싶지만 그분에겐 시간이란 하루가 천년 같고 천년이 하루와도 같다(벧후 3:8).

이런 계산으로 보면(꼭 그렇다는 건 아니다) 겨우 이틀이 지났을 뿐이다. 이런 계산법이 아니더라도 하나님은 인간을 너무나 잘 알고 계신다. 만약 예수님이 다시 오시기까지 2000년이나 기다려야 한다고 말씀하시면 사람들은 결코 예수님의 재림을 기다리며 자신의 신앙을 굳건히 붙들려고 하지 않았을 것이다.

이렇게 하시는 이유는 더 많은 이들을 자신의 구원 안으로 들이고 싶기 때문일 것이다. 조금 더 기다리고 조금 더 기다려서 더 많은 이들이 구원을 알기를 그래서 제발 영원한 책임을 지지 않기를 바라시는 것이다.

더 오래 참으심으로 하나님의 사랑을 받아들이는 자들을 기다리시는 것이다. 중요한 것은 그가 이러한 사랑을 우리에게 고백했다는 것이고 우리가 그것을 받아들여야만 한다는 사실이다.

144,000은 어쩌면 우리가 생각하는 세상 말미가 아닌 예수님이 이 땅에서 부활하시고 승천하신 이후와 주님이 재림하시기 전까지 구원될 모든 성도들을 지칭하는 게 아닌가 싶다.

하나님의 사랑을 받아들이는 것, 그분을 우리 안에 들이는 것은 매우 중요한 문제다. 왜냐면 지금까지 설명해 온 것처럼 인간의 존재 자체가 그저 땅에서 살다가 사라지면 그만인 존재가 아니기 때문이다. 내가 원하든 원하지 않든 우리는 왕이 될 만한 자격을 가지고 태어났으며, 선과 악을 구분할 수 있는 양심이 존재한다. 그리고 우리에겐 위에서 설명한 모든 것을 소유하고 있는 영혼이 있다.

그렇기에 땅에서 육신이 죽으면 반드시 그다음 단계가 기다리고 있고, 우리는 그것을 마주쳐야 한다. 우리의 의지와는 상관없이.

그때 우리는 심판대 앞에서 반드시 하나님을 이겨야 한다. 하나님의 공의는 우리의 양심을 다 꺼내놓고 그 양심이 말하는 바가 무엇이었는지를 놓고 하나하나 해부하게 될 것이다. 그때 의인이라는 도장이 찍혀야 우리의 영원은 평안으로 들어갈 수 있을 것이다. 이것은 판타지 소설이나 영화에 나오는 허구가 아니다.

우리에게 이러한 심판을 대할 만한 영혼이 없다면 우리는 현세에서 우리보다 더 똑똑하고 돈 많은 사람에게 차별을 당한다 해도 할 말이 없다.

동물의 왕국처럼 철저하게 약육강식이 지배하는 세상에서 양심을 따라 살면 뭐하며, 더 양보하면 뭐하나. 내가 덜 가진 건 내가 바보 천치라 그런 거라는 세상의 말이 사실인 게고 그런 나를 차별하는 부자와 똑똑한 사람들에게 빌붙어 먹고 사는 것은 당연한 이치라고 생각할 것이다.

어차피 육으로 시작해 육으로 끝난다면 더 많이 가지는 자가 행복한 것이다. 이런 논리라면 더 행복하게 산다는 것은 수단 방법을 가리지 않고 내가 최고가 되고 다른 사람들이 가진 것을 빼앗으며 사는 것이다. 굳이 양심이 시키는 것을 따라 살 필요가 없다는 것이다.

그런데 그게 아니라는 것을 모두가 알고 있다. 영혼이 있다는 것을 거부하는 사람들조차 악을 저지르면서도 알고 있다. 내가 분명히 잘못 생각하고 있다는 것을 말이다.

양심이 있거나 없는 것이지 그 중간은 없다. 유기성 목사님(선한목자교회)의 말씀처럼 '집에 할머니가 살아 계시냐 안 계시냐' 물어봤을 때 대답은 '할머니가 살아 계세요' 혹은 '돌아가셨어요' 둘 중 하나다. '글쎄요, 할머니가 살아 계시는 지 안 계시는 지 따져봐야겠는데요' 하는 사람은 없을 것이다.

동행

아담으로부터 아벨, 노아, 아브라함, 이삭, 야곱, 모세, 사무엘, 다윗 그리고 예수님과 그의 사도들… 믿음의 사람들의 계보로 내려온 교회를 통해 하나님이 하고 싶은 말은 이러하다. 하나님의 꿈이었던 그의 아들 예수 그리스도를 통해서 하고 싶은 말은 이와 같다.

너와 내가 하나가 되자.
너와 내가 동행하자.
너와 내가 먹고 마시자.

그의 사랑이 우리에게 부르짖는다. 내가 온종일 너에게 팔을 벌려 불렀다고. 그러나 듣지 않았다고. 이 세상 모든 일을 난 다 설명할 수 없다. 갑자기 닥쳐온 죽음이나 세상 곳곳에서 일어나는 재앙들과 가늠할 수 없는 슬픔에 대해서 다 알 수 없고 설명할 수도 없다.

그러나 난 알고 있다. 이 세상을 얼마나 하나님이 사랑하는지. 얼마나 기다리는지. 또 얼마나 그 사랑을 모든 방법을 동원해 고백하고 있는지.

그는 우리보다 훨씬 강하지만 우리 앞에서는 약해지신다. 당장이라도 죽일 수 있는 권리와 권세가 있지만 그걸 사용하시지 않는다. 모든 일에 그분의 이유가 있고 우린 그걸 다 헤아릴 수 없다. 그러나 나는 이 모든 일이 그분의 사랑이라는 알고리즘으로 인해 일어나는 것임을 믿는다.

이 알고리즘이 어떻게 세상을 움직이는지, 나의 세상을 움직이는지를 믿는다면 하나님을 볼 수 있을 것이다. 예수님의 뚝뚝 흘리는 피를 이해할 수 있을 것이다. 그가 원하시는 건 딱 하나다.

우리 안에 들어와 서로를 향해 웃으며 단지 함께 식사하는 것이다. 이 일을 위해 그는 우주를 움직이고 바람을 움직이며 세상을 움직이신다. 오로지 이것을 위해 우리에게 왕의 작위를 내리시고 제사장이라는 타이틀을 내어주시며 우리로 하여금 장자의 권리를 쟁취하게 하신다.

이미 모든 것을 가지신 신이 만약 더 많은 것을 가지고 싶으시다면 직접 창조하면 된다. 그러나 사랑하는 자의 마음은 마음대로 취하거나 얻을 수 없다. 강제로 취하는 순간 그것은 이미 사랑이 아니기 때문이다.

영화 〈브루스 올마이티〉에서 브루스는 사랑하던 여자의 마음이 떠나는 순간 신에게 묻는다.

"이 여자의 마음을 돌이킬 수 있는 능력은 없나요?"

그러자 신이 대답한다.

"그걸 알고 있다면 나에게도 가르쳐주게."

강제로 인간을 취할 생각이었다면 하나님은 결코 선악과를 인간

앞에 놔두지 않았을 것이다. 십자가를 지시지도 않았을 것이다. 가장 낮은 곳에 내려와 우리의 고통을 함께 공유하려고도 하지 않았을 것이다.

그의 꿈은 우리 안에서 사는 것이었고, 지금도 하나님은 그 꿈을 향해 달려나가신다. 사랑 때문에 구원도 하시고 사랑 때문에 심판도 하시며 사랑 때문에 우리를 영원한 세계로 초청하신다.

그가 내 안에 있으므로 인해 우리는 천하 만민에게 공도와 의를 행할 수 있는 능력을 품는다. 그와 함께하는데 어떻게 내가 공의와 인애를 잊을 수 있겠는가.

하나님이 역사 가운데 하셨던 질문,
Do you love me? 넌 나를 사랑하니?
의 대답은 이렇게 끝날 것이다.
내가 네 안에, 네가 내 안에.

책을 마치며

　이 책을 읽는 독자분들은 어쩌면 이런 생각을 할지도 모르겠다. 드라마, 참 많이도 봤구나. 사실이다. 많이도 보고 반복해서도 보고.
　여기에 적힌 것들 외에도 수없이 많지만, 특히 성경의 중요한 사건들과 흐름, 하나님의 사랑에 연관된 것들만 뽑아 정리를 해 보았다.
　성령님은 나의 덕후질도 이해해 주셨고, 나의 못난 성질을 다독이기도 하셨다. 많이도 싸웠고 논쟁했고 열렬히 감동하며 지난 시간을 그분과 함께 보냈던 것 같다.

　이 책은 정말이지 내가 쓴 것이 아니다. 노래도 내가 하는 것이 아닌 것처럼 책의 글 하나하나 어느 부분도 내가 쓴 것이 없다. 그저 하나님이 머릿속에서 또 가슴속에서 하시는 수많은 말들을 받아 적은 것만 같다.

받아 적으면서 울기도 울었고 웃기도 많이 웃었다. 그의 절절한 사랑이 내뱉는 이 하얀 종이 위의 글자들이 꿈틀거리며 나의 심장과 영혼을 때릴 때면 아…, 이 글은 주님께서 적으시는 것이구나 하며 고개를 수그릴 때가 많았다. 어쨌든 결론을 짓자면 하나님은 몹시도 이 이야기를 하고 싶으셨던 것 같다.

그가 어떻게 사랑을 시작했고,
어떻게 자신을 소개했고,
어떻게 아팠으며,
또 어떻게 완성했는지.

대체, 사랑이라는 알고리즘을 통해 우주가 어떻게 돌아가고 인간의 역사가 어찌 흘러갔는지 등의 이야기들을 '나'라는 대책 없고 버릇없고 멍청한 인간을 통해서라도 보여주시기 위해 나의 시간과 손가락들을 사용해 주셨다. 완벽함… 그게 뭔진 아직도 잘 모르겠지만 사랑은 그 자체로 완벽하다. 그래서 하나님의 사랑 안에서 탄생한 독자 여러분들은 완벽한 사랑의 알고리즘으로 빚어진 완벽한 열매들임을 확신한다. 그 완벽함과 완전함을 우린 천국에 가서야 비로소 우리의 두눈으로 확인하게 되리라.

글을 쓰는 동안 나와 함께 해 주신 성령님. 드라마 많이 본다고 때론 꾸지람도 하셨지만(이제 좀 절제하고 있어요. ㅎㅎ) 그 가운데서도 함께 해 주셨던 성령님. 고마워요. 사랑해요. 또한 나의 미친 발상들을 아낌없이 후원해 주고 지지해 주며 기도해 주었던 가족들과 동역자들, 중보자들과 포스 팬클럽 또 이 책을 편집해 주시고 멋진 디자인으로 이 보잘 것 없는 책을 읽을 거리라고 생각하게 만들어 주신 호산나 출판사 분들에게 너무 너무 고맙다는 말을 하고 싶다.

또 무엇보다 열심히 드라마를 만든 분들, 즐거웠고, 은혜 많이 받았다고 얘기하고 싶다. 그분들은 모르겠지만. 제가 느낀 예수님을 그분들도 느꼈으면 하는 마음이다. 너무 아깝잖아요, 이 은혜가!

이 책을 읽는 모든 이들에게 하나님의 무한하신 은혜와 사랑이 평강 가운데서 넘쳐흘러 높고 깊고 넓고 긴 예수 그리스도의 사랑에 풍덩 들어가 그의 완벽한 알고리즘이 행하는 놀라운 기적들을 마음껏 맛볼 수 있길 소망한다.

천국을 침노하는 왕들이여,
예수 그리스도의 나라들이여, 화이팅!